GRETTA Y EL ARTE
DE COMPLICARSE LA VIDA

Ale Schujman & Gretta con Ganas

HOJAS DEL SUR

Buenos Aires

www.hojasdelsur.com

Gretta y el arte de complicarse la vida
Ale Schujman y Gretta con ganas

1a edición

Editorial Hojas del Sur S.A.
Albarellos 3016
Buenos Aires, C1419FSU, Argentina
e-mail: info@hojasdelsur.com
www.hojasdelsur.com

ISBN 978-987-8916-29-3

Dirección editorial: Andrés Mego
Edición: Silvana Freddi
Ilustraciones: Angie Mansur Andrade
Diseño: Angie y AADG Studio
Fotografía de solapa Ale: Fabián Trapanese

El personaje de Gretta es ficticio y nada tiene que ver con la vida de los autores.

Schujman, Alejandro
    Gretta y el arte de complicarse la vida / Alejandro Schujman ; Angie Mansur
Andrade. - 1a ed. - Ciudad Autónoma de Buenos Aires : Hojas del Sur, 2022.
    208 p. ; 23 x 15 cm.

    ISBN 978-987-8916-29-3

    1. Crecimiento Personal. 2. Autoestima. I. Mansur Andrade, Angie. II. Título.
    CDD 158.1

Hola, soy Gretta.
Mi vida es un desastre.

Dedicatoria

A mis hijos, a mi madre, a todas las grettas del mundo, que sufren sin saber que pueden hacer algo distinto.

Ale

A Joaquín, a mi madre, a mi familia y a mis amigos, y a todos los que nos leen con ganas.

Angie

Hola, soy Odín

Soy Odín, el gato de Gretta. Ya la van a conocer: ella es la protagonista de este libro. Quiero explicarte lo que sucederá a partir de aquí.

Gretta les irá contando de su vida y, en algunos momentos, les hablará Ale —el psicólogo de mi mamá—. A mí me dieron el trabajo de ser presentador, el maestro de ceremonias, lo que no está tan mal (peor la pasan las focas de los acuarios, ¡con lo poco que a mí me gusta el agua!).

Me gusta dormir, pero creo que esta función que me dieron no será tanto trabajo. Bienvenidos **al mundo de Gretta**; es buena gente: yo la quiero mucho, y ella, a mí.

Índice

Introducción

Mi nombre es Gretta, y este es mi mundo. Tengo diecinueve años. Mi vida es un **lío**, un verdadero desastre.

Mi papá es farmacéutico; mi mamá, profesora de danzas.

Mi papá y mi mamá están separados, pero viven juntos o, mejor dicho, tendrían que estarlo, pero no se animan.

Tengo un hermano de once años que se llama "Fermín"; lo amo, aunque me dicen que tengo muchos celos de él.

Empecé a estudiar una carrera que no me gusta; no encuentro ninguna que me entusiasme. Se me mezclan las **emociones**; me da tristeza no saber qué quiero aunque, en realidad, es rabia. O todo junto... qué se yo...

Trabajo en un negocio de ropa para poder pagarme los gastos. Y te cuento algo más: soy un torbellino.

Nunca estoy contenta, o a veces sí, pero me las arreglo para amargarme la vida. Voy del cielo al infierno, y del infierno al cielo, y así todo el **tiempo**.

Tengo **ataques de ansiedad**; mi mamá me dice que no

me autodiagnostique, que para eso están los profesionales. Pero me meto en Google, y empiezo a investigar: es más fuerte que yo.

Intento apasionarme con algo, pero me cuesta; para el amor, soy un desastre. No puedo elegir peor: un fracaso detrás de otro, hasta el infinito y más allá.

En el amor, soy todo lo que está mal. Conozco a alguien, me gusta, me enamoro y me separo: así funciono. Me enamoro en cinco minutos y, después de quince minutos, me doy la cara contra el piso. Un desastre...

Mi tía es igual: es la hermana de mi mamá, y la adoro. Es igual a mí o, mejor dicho, yo soy igual a ella. Ella vive sola; mi tío la dejó cuando estaba embarazada. Pero eso es otra historia...

Yo **dibujo**, pinto; me encantaría vivir de eso, pero no me animo. Tendría que intentarlo... Me da miedo; sí, creo que es miedo.

Nuevamente me presento: soy Gretta, la que hace todo al revés. Mucho gusto...

GRETTA,
LA QUE HACE
TODO AL
REVÉS

CAPÍTULO 1

Gretta quiere volar

El arte de complicarse la vida

Tengo que dar las putas materias para entrar a la universidad en una carrera que no me gusta (es la segunda que hago). Nunca me gustó demasiado estudiar o, mejor dicho, nunca me interesaron las cosas que me daban para estudiar. Amo leer lo que a mí me gusta leer, no lo que los demás quieren que lea. ¿Quién arma los programas de estudio? ¿Nunca se les ocurrió preguntarnos a los estudiantes qué nos resulta interesante?

TENGO
QUE...
TENGO
QUE...
TENGO
QUE...
TENGO
QUE...
TENGO
QUE

El mundo cambia, y los ministros de Educación no se dan por enterados. **Me quiero ir a vivir sola**, pero hago todo lo posible para cumplir cuarenta años en casa de papá y mamá.

Tengo que buscar trabajo, pero no tengo listo mi currículum; todavía me falta dar las materias de la facultad para el curso de ingreso y, en vez de hacerlo, me quedo mirando el techo después de estudiar.

Leí por ahí que crecer da miedo; **yo no registro el miedo**, ni tampoco registro las **emociones**.

Crecer da miedo

Me pregunto: ¿qué son las emociones?, ¿cómo nos damos cuenta de qué es real y de qué no lo es?, ¿cómo entendemos de qué se trata esta historia de vivir?

Los miro a mis viejos, y **tampoco me dan ganas de crecer**. Mi mamá no es feliz, ni mi papá tampoco. Creo que les gusta lo que hacen o, por lo menos, les gustaba. Pero, igualmente, tienen caras tristes todo el tiempo.

Mi papá me contaba que él soñaba con inventar la cura de una de las enfermedades, de las grandes. Estudió farmacia. Dice que le gusta, pero yo no lo veo contento; mi mamá quería ser bailarina, y no pudo: es profesora de danzas. Le gusta dar clases, pero yo le veo los ojos tristes.

Mi abuelo sí fue un hombre feliz; él quiso tener una fábrica de chocolates, pero tampoco pudo. No obstante, puso una panadería, lo más parecido que pudo lograr. En su negocio él era la persona más feliz de los felices.

Mi abuela, no tanto; ella crio a mi mamá y a mis tíos, pero me parece que le hubiera gustado hacer otra cosa. Nunca se lo pregunté; no me animo a tanto: ella no habla mucho.

Pero yo me quiero ir de acá y hago todo al revés... **Hola, soy Gretta, la que hace las cosas al revés.**

Ya te lo dije, ¿no? Esa soy yo...

Todo
me sale mal.
Todo gracias a mí...

Todo me sale mal

Todo me sale mal, y es gracias a mí; no le puedo echar la culpa a nadie. Mi amiga Mechi me dice que haga terapia, pero me da una fiaca bárbara. Pienso que, hasta que pueda desenredarme, van a pasar años, y yo no tengo tanto tiempo.

Una canción que escucha mi viejo dice: "Estoy parado en el medio de la vida, y aquí yo me siento muy, muy bien". Yo estoy parada en el medio y me siento mal, muy mal...

Y los vecinos empiezan a discutir de vuelta.

Y quiero apagar mi cabeza de una buena vez...

Fermín, mi hermano menor

Mi hermano juega al *fortnite* en su habitación; grita. Parece un *psycho kid*. Mi mamá hace crucigramas en el living; mi papá mira un partido de Racing en la tele, y yo, encerrada en mi pieza.

Siempre me dicen que estoy muy celosa de Fermín; yo no lo siento así, pero quizás...

Mis vecinos discuten, como todos los días, a las siete y media, cuando el señor llega del trabajo.

Tengo que estudiar, pero mi cabeza no me deja; no quiero

estar acá. No sé dónde quiero estar, pero acá seguro que no.

Ya es suficiente; no quiero ni jugar al *fortnite* ni ver a Racing ni escuchar la discusión de los vecinos. No quiero ir a la plaza, no quiero estar acá; tampoco sé dónde es allá: solo sé que acá la cabeza me estalla.

Me llaman a cenar, y ahora va a venir el sermón de mi mamá: que estuve todo el día encerrada en mi pieza, que **así no funcionan las familias**, que esto no es un hotel, que qué es lo que me pasa, que no sabe qué más hacer conmigo...

Acá no quiero estar; no sé bien dónde sí quiero estar, pero acá no.

Mi abuelo

Hoy me encuentro a desayunar con mi abuelo; los jueves me levanto temprano, compro tortas negras, y voy a su casa a desayunar, y charlamos.

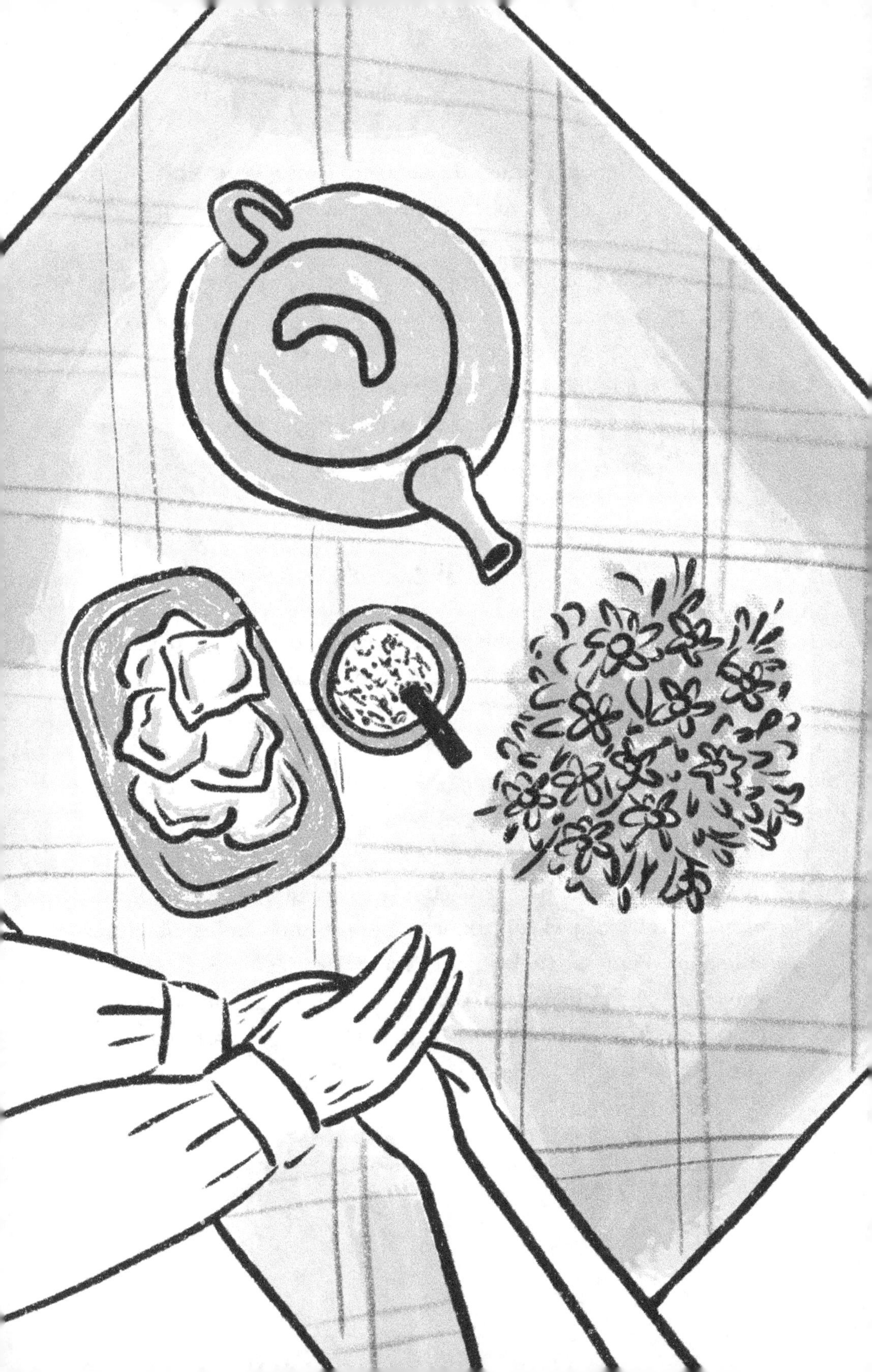

Él me entiende. Le cuento que quiero irme a **vivir sola**, pero no tengo trabajo, ni tampoco lo busco. No puedo pagar un alquiler; no termino de dar las materias. Hago todo al revés. Mi abuelo me dice que soy la más inteligente de todos sus nietos (que son ocho).

Yo creo que mi primo Rodri es más inteligente que yo, pero mi abuelo dice que no. No sé si es porque me quiere o porque, realmente, soy tan inteligente.

Él tiene una plata ahorrada, y dice que quiere ayudarme, pero yo no quiero: **me la tengo que ganar** yo, y eso me da miedo.

Mi abuelo me dice que haga las cosas bien, que yo puedo hacerlas. Él va a hablar con el dueño de la librería para que me conozca; cree que necesitan una empleada.

Se me hace una pelota en la panza de solo pensarlo. El corazón me late fuerte. Creo que es miedo, mucho miedo y, cuando pienso y siento la palabra *miedo*, el **corazón late** más fuerte y el nudo en la panza se hace más grande... creo que me va a salir un *alien* de las tripas y el corazón va a estallar como en los dibujitos animados. Pero no: vuelvo a mi casa, y pareciera que el corazón y mi estómago siguen en su lugar. Llego, entro a mi pieza, pongo música fuerte, abrazo mi almohada y lloro... lloro hasta que me quedo dormida.

¡ESTO NO ES UN HOTEL!
NO QUIERO ESTAR AQUÍ.

Mi mamá

"Gretta, sentate, tenemos que hablar". Mi mamá empieza a mover la boca: empieza el sermón número 3524. Ya sé lo que me va a decir; estará aproximadamente 25 minutos hablando y, en el medio, me va a preguntar: "¿Me escuchás lo que digo?". Cerca del final del discurso, se va a poner a llorar y, antes de terminar, me va a abrazar y me va a decir que me quiere mucho y que todo lo que me dice es por mi bien.

Mi mamá está preocupada por mí; ella sabe que no son perfectos, pero que hacen lo mejor que pueden, que entiende que mi papá y ella no se llevan bien, pero nació Fermín y les complicó la vida. De eso les voy a hablar más adelante. Igual, eso a mí no me lo tiene que contar: no necesito esa data. Pero, si le digo algo, se angustia y se pone mal.

Lo paso mal con mi mamá, pero yo no tengo la culpa. Cada vez que me enojo, ella se angustia, y yo me siento mal. *¿Culpable* sería la palabra, o *emoción?* **Qué lío esto de las emociones...** me siento culpable por enojarme con ella porque ella es tan buena y me quiere tanto... y sufrió tanto... Bueeeeee, no es mi culpa, pero igual me siento culpable.

¿Les conté lo del cuento de la buena pipa? Mi amiga Lucy dice que peor es la mamá de ella, que ni registra que existe. Yo quisiera un poquito de la mamá de Lucy, que me dejen un poco de aire: a veces siento que me falta.

Ya me **abrazó** y me dijo que me quiere mucho: ya está por terminar el sermón. Mejor, no me enojo; le digo que yo también la quiero porque, si no, después, como ya les dije, me siento culpable.

Abuela

Mi abuela está internada; me avisó mi abuelo muy temprano por la mañana. En realidad, me avisó mi mamá. Ella llora en la cocina: no se la puede visitar. Está en terapia intensiva: tuvo un infarto y un accidente cerebrovascular. Parece que es grave.

En el pasillo del hospital, está mi abuelo; voy a verlo: está con la cabeza entre sus manos. Mi papá, con la mano derecha sobre la pierna izquierda de mi abuelo, me ve, se para. Me asusto: pienso que se va a desmayar. Mi abuelo me abraza y llora, llora muy fuerte... "Tengo miedo de que tu abuela se muera; tengo mucho miedo".

No puedo decirle nada; mejor dicho, sí: le digo que lo quiero mucho y que todo va a estar bien. Le miro la cara a mi papá, y me doy cuenta de que nada está bien en este momento; lo abrazo más fuerte a mi abuelo y le vuelvo a decir cuánto lo quiero.

Vuelta a casa.
¿Quién nos prepara para estas cosas?
¡Qué mierda todo!, ¿no?

Leí a un psicólogo en las redes que dice que, **porque la muerte existe, entonces, vivamos**. Que la vida es larga, pero no tanto.

la vida es larga
PERO
NO
TANTO

¿Pero quién nos prepara para esto?

Mi papá y mi abuelo, llorando; mi abuela, agonizando.

A las cuatro de la mañana, suena el teléfono: es de la clínica. **Mi abuela murió**. Llora mi mamá, llora mi papá, llora mi abuelo; mi hermano duerme. Todavía no entiende demasiado o sí pero, como es el más chiquito, no sé qué le pasa a él. Yo no puedo llorar; estoy como anestesiada: es la **primera muerte importante** en mi vida.

En realidad, mi experiencia con la muerte fue con mi pequeño hámster a mis cuatro años, pero esta duele más. Se llamaba *Rocky*. Mi papá y mi mamá me lo cambiaron por uno igual para que no me diera cuenta, pero no se fijaron en que Rocky tenía una manchita en la panza. Y el que me trajeron de reemplazo no la tenía. Pregunté: "¿Qué le pasó a la pancita de Rocky? ¿La lavaron?". Se pusieron nerviosos, y me di cuenta de que algo andaba mal. Me terminaron contando la verdad, y entonces me enteré de que la muerte existe. Ahora lo confirmo, y duele... duele mucho.

¡Claro que duele! Leí por ahí que **el noventa por ciento del sufrimiento humano se construye en la mente.**

SUFRI
MIEN
TO

Creo que así debe ser.

Estoy asustada; tengo ganas de llorar, de abrazar a mi hermano, a mi mamá. **Hace mucho que no tengo ganas de abrazar a mi mamá**, a mi papá y a mi gato Odín.

Voy a aceptar hacer terapia: **sola no puedo...**

Gretta conoce a Ale

Sola no puedo; por más que quiera, no puedo. Las noches son un infierno; los días también. No me alcanzan ni los brazos de mi abuelo, ni abrazar a mi gato Odín. **Tengo miedo de salir a la calle.** Conocí a un psicólogo por las redes sociales: él habla de lo difícil, pero no imposible. Le escribí.

Hoy voy a verlo a su consultorio. Hace mucho que no hago terapia: fueron muchos años, y me harté. Pero ahora necesito. Es un pasillo largo, muy largo —cuando entro— aunque, cuando salí, no me pareció tanto.

Tiene dos perras: Gala y Uma; yo iba de blanco. Gala me saltó: se ve que sintió el olor a Odín. Me dejó las patitas marcadas en la camisa. Uma me miraba desde el piso y movía la cola. Fue mi primera **sonrisa** en muchos días.

El consultorio de Ale está lleno de cosas para **curiosear.**

Me contó que eran cosas que trae de sus viajes; *objetos anti-estrés*: así los llama él. Hay un trompo, caramelos, pañuelos para llorar, piedras y caracoles, y unos imanes que están buenísimos.

ALE SCHUJMAN
PSICÓLOGO

ALE SCHUJMAN
PSICÓLOGO

Un diván con una manta que parece turca, y un sillón grande enfrente del diván. También hay un puff chiquito; me dijo que me sentara donde quisiera. Yo elegí el puff: me hace acordar a uno que teníamos en casa cuando yo era chica.

Me preguntó cómo estaba, y me dijo que empezara a hablar por donde quisiera, y me ofreció un vaso de agua y un té. Le dije que sí a las dos cosas; él te lo sirve en unos vasitos de vidrio chiquitos, que también parecen turcos. Le voy a preguntar si estuvo en Turquía.

El consultorio es desordenado, pero lindo. Ale apoya su cara sobre la mano izquierda, y escucha. Cuando me preguntó cómo estaba, empecé a llorar; me dio pañuelitos, me ofreció más agua, me preguntó si quería un caramelo. Estuve un rato largo llorando. Le pude decir que estaba **"asustada"**: fue la única palabra que me salió, y después seguí llorando.

Le conté de mis miedos; le hablé de mi abuelo, de mi mamá, de mi papá.

Le dije que estaba muy nerviosa. Me enseñó una manera de respirar (después se la cuento, porque me calmó).

Me hizo bien empezar terapia; cuando salí del consultorio, sentí que el aire entraba y salía mejor de mi pecho. Me hizo bien llorar; creo que de a poco voy a poder...

A trabajar...

ODÍN

Ale le dio un video a Gretta para que mirara. Se llama **"Te atreves a soñar"**. Les cuento de qué se trata para que ustedes también puedan usarlo.

Me sacaron de la siesta para decirles esto; no entiendo qué quieren los autores, pero soy un gato obediente, y acá estoy. El video dura siete minutos, y dice lo siguiente[1]: "Todos nos movemos en nuestra zona de confort en la que nos sentimos cómodos, donde está lo conocido, lo que nos tranquiliza, y eso de por sí no está ni bien ni mal".

Les dejo un dibujo para que lo entiendan. Angie es mi maestra, ¿qué tal? ¿No sabían que los gatos podíamos dibujar de maravillas?

---

1. Video de YouTube de Matti Hemmi de inKNOWation: "¿Te atreves a soñar? ¡Desafía tu zona de confort!"

ZONA DE CONFORT
ZONA DE APRENDIZAJE
ZONA DE PÁNICO
ZONA MÁGICA

Ale le dijo a Gretta que así está ella: tratando de salir de su zona de confort para acercarse a los **sueños**.

Ahora me pidieron que te pida que te pongas a trabajar, que este no es un libro para quedarse leyendo, y nada más. Que es interactivo. Yo solo cumplo órdenes pero, como te dije, soy un gato obediente. Así que, ¡ahí va!

¿Dónde estás?
¿A dónde querés llegar?

¿Cuáles son
los obstáculos?

* Hacé una lista de cómo superar estos obstáculos.
* Cada vez que superes uno, colocá "check" ✓
* En caso de necesitar ayuda, buscala.

Porque la muerte existe, vivamos

la muerte existe.
Entonces,
↓
¡vivamos!

El miedo y el deseo

Hace una semana que mi abuela no está. Mi abuelo vino a vivir con nosotros, lo cual me pone contenta. Aunque no sé si está mal que esté contenta si mi abuelo está triste. Pero me hace bien que esté acá.

Mi papá y mi mamá me dicen que tienen que hablar conmigo; están serios. No sé qué pasó. Me falta un poco el aire

"Gretta, la muerte de tu abuela fue un golpe duro para tu abuelo; no puede seguir viviendo solo", me dice mi papá. Mi mamá llora en silencio, y me dice: "Va a quedar la casa vacía; hace mucho que vos no estás bien acá, ¿querés ir a vivir ahí? Tendrías que conseguir trabajo porque nosotros no podemos pagar los impuestos".

Siento que me voy a desmayar; **el corazón se me sale**, y el nudo en el estómago es más grande que el del otro día. Por un momento se me pone todo negro; mi papá me dice que me quede tranquila, que no tengo que contestar ahora; que, si no lo pueden alquilar, verán qué hacer. Tengo más miedo que cuando vi *La profecía* hace seis años. Pero, con mi miedo y todo, digo: "Sí, allá voy", y me acuerdo del video del que me contó Ale en sesión.

Todo llega, y tengo miedo

Mi tío Quique está con la camioneta abajo; hoy va a ser la primera noche que duermo oficialmente en la casa de mi abuelo, mi nueva casa. En el mismo lugar en el que tomaba el desayuno y hablaba de la vida con él, **hoy siento una ráfaga de felicidad y tanto miedo...** Era lo que quería. Entonces, ¿por qué no lo puedo disfrutar del todo?

Es la misma casa de siempre, pero es una casa distinta. La conozco desde que nací, pero siempre fue la casa de mis abuelos. Hoy es mi casa. Cuando tendría que sentir que el pecho me estalla de alegría, en realidad, lo que siento es que mi pecho se **encoge de tristeza y de miedo**. Recorrí los rincones donde jugaba a las escondidas y mi abuelo hacía de cuenta de que no me veía, la mesada donde mi abuela me enseñó a darles forma a los ñoquis de papa, el balcón donde probé los primeros mates que él me cebaba... Los mismos rincones y yo, empezando mi historia. ¡Qué difícil es esto de crecer!

Ale me dijo que el miedo y el deseo son las dos caras de la misma moneda; no entendí la frase. Ahora sí; ahora entiendo todo.

DESEO
MIEDO

Acá estoy, y es lo que quería, pero tengo un miedo... Uno no: muchos miedos. Odín me mira; él no parece estar ni preocupado ni asustado. Cuando se deja, yo lo abrazo (porque a los gatos, a diferencia de los perros, cuando se quieren bajar, hay que soltarlos).

Extraño; no sé qué es lo que extraño. O yo me siento extraña. Me estoy haciendo un lío bárbaro. Empiezo a respirar agitada. Voy a salir a caminar, porque a esta hora los vecinos empiezan a discutir, pero ya no están más acá, ni mi papá mira el partido de Racing.

Estoy sola en esta casa que de tan familiar me es extraña... **Sola conmigo, y sola...**

Llega la noche

Y llega la noche, y la cabeza empieza a apagarse; los **pensamientos se me amontonan**, y no puedo parar. Respiro hondo: una, dos, tres veces, y no puedo parar. Voy **soltando**. Me voy quedando dormida, pero me caigo en un pozo muy profundo, y ahí están mi mamá practicando danzas, mi papá leyendo un libro, mi hermano Fermín (que no es mi hermano Fermín) y mi gato Odín, que es negro pero, en realidad, es blanco. Y me caigo más profundo y me quiero despertar, y no puedo. Me persiguen; son muchos. Me quieren agarrar. Trato de correr; las piernas no me responden. Quiero abrir los ojos, pero no puedo.

Es horrible... Quiero estar con mi abuelo, pero mi abuelo no está. Me sigo cayendo mientras corro y, de repente, aparezco en el colegio con la profesora de Matemática que nunca me quiso, y me alcanzan, y me van a matar, y están cerca y tengo miedo, y suspiro... Abro los ojos; **respiro** hondo. Estoy empapada.

En la heladera, tengo el budín que me mandó mamá y una botella de agua; encuentro un turrón: me lo como. Mi primera noche viviendo sola, ¡qué noche de mierda!

Los miedos

Todos tenemos miedos; yo los tengo. Mi papá y mi mamá también, y mi hermano...

No está mal tener miedo; el miedo nos ayuda a darnos cuenta de algún peligro. El problema se nos arma con lo que hacemos con estos: si los dejamos crecer mucho, entonces, nos olvidamos de a qué le teníamos miedo, y el miedo crece y crece dentro de nuestra mente, hasta que nos paraliza y no nos deja movernos. **No podemos hablar y nos sentimos chiquitos**, muy chiquitos...

Cuando era una nena, le tenía miedo a la oscuridad, y siempre llamaba a mi mamá para que prendiera la luz. Me imaginaba monstruos, serpientes, cosas horribles que salían del placar y, cuando mi mamá venía y prendía la luz, me daba cuenta de que era mi ropa, el ruido del viento y el perchero con mis cosas de hockey.

Yo creo que, con los miedos, lo que tenemos que hacer es prender la luz antes de que crezcan demasiado y, como los científicos hacen con el microscopio, investigarlos para ver de qué se trata... tratar de entender por qué los tenemos... seguir un hilo **imaginario** para ver de dónde vienen.

Aquí mis miedos.

¡Arrancá la hoja, hacela bollito y lanzala lo más lejos que puedas!

En los brazos del abuelo

Siento que no puedo respirar, como si me pusieran la rodilla arriba del pecho. **Siento una pelota en la garganta**; el corazón se me sale de lugar. Transpiro frío, muy frío.

La gente no me ve; necesito aire. **Necesito** que entre aire o que salga. Tengo miedo, mucho miedo... me voy a morir.

TENGO MIEDO

todo me da vueltas

ME MAREO

CAOS

TODO ME SALE MAL

La gente camina rápido. Pasa el subte, y no me subo. Llamo a Nico (ya les voy a hablar de él: ahora no es el momento). No me atiende; nunca me atiende. Llamo a mi abuelo: él siempre está.

Me dice que respire y que me quede tranquila, que ya me viene a buscar. Que le avise a alguien, que coma **algo dulce y algo salado** por las dudas; los minutos son eternos. Me quedo sentada. Un policía se queda conmigo; me pregunta si quiero una ambulancia, y le digo que no, que quiero a mi abuelo, que ya está en camino. Y tarda horas, que son minutos, pero a mí me parecen horas... Llega, **y me abraza fuerte**; en el abrazo vuelvo a respirar... en los brazos de mi abuelo.

Surfeando los miedos

Sesión con Ale. Uma y Gala salieron a pasear con Gastón, que las busca todas las mañanas. Le cuento a Ale lo que me pasó en el subte. Me dijo que estoy **creciendo, que crecer da miedo** y que el miedo, cuando no le podemos poner palabras, hace ruido, y el ruido son estos ataques que me están mostrando que hay algo que no estoy pudiendo manejar.

Me hizo bien hablar de lo que me pasaba.

Le dije lo que había oído del miedo y el deseo, las dos caras de la misma moneda. Me dijo que claro, que claro que sí.

Yo tenía muchas ganas de irme a vivir sola, pero la estoy pasando mal, muy mal.

Y él me dijo que sí, que era por eso, que **el miedo esconde el deseo**, o es la máscara del deseo o el deseo es la máscara del miedo, y que no me tengo que asustar del miedo, ya que es parte del camino. Y que, del otro lado del miedo, hay un montón de cosas que puedo hacer.

Me sentí bien hablando con él. Hoy, de vuelta, el pasillo me pareció mucho más corto y, cuando salí, el cielo se había puesto celeste y el sol me daba en la cara. Caminé; me senté en un banco de la plaza de la esquina del consultorio, y tuve ganas de llorar y de reír. Pero este era un llanto lindo, mezclado con risas. Un nene me dio un caramelo y me pidió: "No llores más".

Qué difícil la noche, qué difícil...

Llega la noche y, en medio de la noche, aparecen todos los fantasmas. Cierro los ojos; estoy agotada. Me duermo profundamente. A la media hora, es como si el día empezara de nuevo, pero no: es una noche cerrada, una noche negra. En mi cabeza, todo es un torbellino.

Procedo a hacer el ritual:

Paso 1: Me pongo boca abajo mirando hacia mi derecha, abrazando la almohada con los brazos. Intento aquietar la mente, pero no puedo.

Paso 2: Giro la cabeza hacia la izquierda; **hago una respiración profunda, y comienzo a calmarme.**

Paso 3: Me pongo de costado en posición fetal, con los brazos con los puños cerrados apoyados sobre mi cara. Cuando siento que comienzo a deshilachar y deshilvanar mis pensamientos, es la señal de que estoy entrando en el sueño. Pero vuelven los fantasmas; pienso en todo lo que tengo que hacer, en lo que me preocupa. La casa es muy grande. Extraño mi cama: quiero salir de ahí.

Y vuelvo a empezar boca abajo, mirando a la derecha y a la izquierda, en posición fetal, y así tres, cinco, diez veces. Y la noche es larga, muy larga.

A trabajar...

(ODÍN)

Acá de vuelta; esto me está cansando. Por lo menos, espero que a vos te sirva. ¡¡¡Explicar el ejercicio!!! ¡Ahí va! Hablemos de los miedos. Los gatos tenemos miedo de otras cosas diferentes, pero a ustedes, a los humanos, **los miedos los paralizan y no les dejan intentar hacer lo que quieren.**

Ale le dio a Gretta un ejercicio. Le dijo que los miedos los construimos dentro de nuestra cabeza, ¡ojalá te sirva!

AQUÍ,
TODO LO QUE
ME CALMA.

AQUÍ, LO QUE
ME AGOBIA.

CAPÍTULO 3

Gretta y el amor

Joaquín

Joaquín es la persona más buena del mundo; está enamorado de mí desde primer grado, cuando teníamos seis años. Yo nunca pude verlo con ojos de mujer, porque es más como un hermano que me cuida. Mis amigas me dicen que soy una boluda, porque me engancho con todos los aparatos, y a Joaquín no le doy cabida.

Ale me dice que no me permito una historia saludable porque me gusta más todo lo tóxico que hay en el mundo, para entretenerme y sufrir. (Me parece que habla desde la ironía).

Creo que Joaquín se cansó de esperarme: ahora está de novio con Maca, pero no lo veo feliz y, la verdad, un poquito de celos siento. Alguna vez le hice una escena de celos, y él me miró con ojitos tristes (como los del gatito de Shrek), como diciéndome: "No entiendo qué querés de mí".

Qué complicada que soy... Me agoto a mí misma. Creo que se llama *ambivalencia* cuando uno tiene los sentimientos todos mezclados. Pero no puedo ser tan laberíntica o, mejor dicho, sí puedo, pero me agoto.

Joaquín es diseñador gráfico; está siempre preocupado por mí. Un día, yo le dije, como en *How I met your mother* (perdón que espoilee si alguno no la vio: es la escena cuando Robin y Ted dicen que, si a los cuarenta están solteros, se casan entre ellos) que, si a los cuarenta yo todavía no estoy con nadie, me voy a vivir con él. Lo vuelvo loco, ¿no? Joaquín es todo lo que está bien, y yo soy todo lo que está mal. Ja, ja, ja.

Nico

No sé si les hablé de Nico; creo que no. En realidad, Nico es mi novio pero, bueno, nunca dijimos que estábamos de novio. Ya hace dos años que empezó la historia, y creo que eso debemos ser. La verdad es que la paso bastante mal con él, pero no puedo dejarlo. Todas mis amigas y mi familia están preocupadas. No sé si es muy buen tipo Nico... Nadie lo quiere, salvo yo.

Descubrí varias veces que me había engañado; salió con mi profe de yoga, que dejó de ser mi profe cuando descubrí que estaba con él. Pero a él siempre lo perdono; voy y vengo entre la ingenuidad y la estupidez.

Nico es más grande que yo: tiene 25. Es abogado recién recibido, y me hace sufrir bastante. Pero me prometió que, después del episodio con mi profe de yoga, iba a cambiar.

Yo le sigo creyendo; estoy enamorada, creo, y todavía no puedo dejarlo. Es parte de mi **karma** pero, bueno, la teoría no me sirve para nada. Sigo mordiendo el anzuelo. O cambia Nico, o entiendo yo. Esas son las opciones, ¿no?

Nico y más Nico

Mi decimoquinta ruptura con Nico…

Es agotador… ahora estoy escribiendo con el papel mojado por las lágrimas. Harta de mí misma… el circuito de siempre… **tomo coraje, y lo dejo.**

Él se transforma en el hombre más bueno del mundo; yo estoy destrozada, angustiada, hecha trizas. Después, él se enoja, y dice que soy la peor; me manda unos audios espantosos. Yo, entonces, me enojo; **junto coraje y lo bloqueo.** Él recapacita, entiende y me promete que va a cambiar.

CÍRCULOS
VICIOSOS

Yo extraño pero, la verdad, es que no sé qué extraño porque esto es una pesadilla. Él me pide disculpas. Parecemos hámsteres en una rueda.

Lo desbloqueo, lo bloqueo de vuelta, y volvemos a empezar.

Agotador... el cuento de la buena pipa. Es un cuento que me contaba mi abuelo; era algo así como esto:

—¿Querés que te cuente el cuento de la buena pipa?

—Sí, abuelo.

—No, yo no te dije: "Sí, abuelo"; te dije si querés que te cuente el cuento de la buena pipa.

—Sí, abuelo, contámelo.

—Yo no te dije: "Sí, abuelo, contámelo"; te dije si querés que te cuente el cuento de la buena pipa.

Y así hasta que yo me reía. Con mi abuelo era divertido; con Nico, no.

A trabajar...

(ODÍN)

Acá estoy de vuelta. Les dejo un trabajo por si tienen problemitas con los amores tóxicos. Los gatos no tenemos esos temas; todo es muy libre e independiente entre nosotros.

1. Cada vez que estén por llamar o mandar un mensaje a quien intentan dejar...
Tengan una lista de tres personas a las que puedan recurrir antes de mandarle un mensaje a ella o a él.

2. Apliquen el stop.

S: Stop, paro, me detengo.
T: Tomo aire, inhalo profundo inflando el abdomen, exhalo llevando el ombligo a las dorsales.
O: Observo mis pensamientos, mis emociones y los digo en voz alta o los escribo. (De esta manera, bajan los niveles de ansiedad, y aumento la introspección).
P: Procedo y elijo alguna alternativa saludable.

3. Tomen distancia del impulso, cambien la escena.

4. Si nada de esto funciona, pídanle una sesión urgente a su terapeuta para ver por qué se complican la vida.

¿Cómo salir
de relaciones
tóxicas?

STOP
Stop, paro, me detengo.
Tomo aire, inhalo, exhalo 3 veces.
Observo mi estado de ánimo; identifico mis emociones.
Procedo a hacer algo distinto para salir de la situación.

Día de sesión y la metáfora de la mesa

"La vengo pasando muy mal, Ale. No encuentro la manera. Me enredo, me complico la vida", le cuento. Ale me dice:

"Yo soy psicólogo, no mago. Te digo lo que les pido a todos mis pacientes: ayudame a que te ayude. **Necesito que me ayudes a ayudarte.** —Le dije que sí, que claro que sí. Que a eso voy. Y me dijo—: Imaginate que SOS una mesa de seis patas. Cada pata es un área de tu vida:

1. La relación con vos misma, con tu cuerpo.
2. Tu familia.
3. El amor/ tu vida de pareja.
4. Tus proyectos, tu carrera, tu trabajo.
5. Tus cables a tierra, el amor propio.
6. Tus amigos/as y tu vida social.
7. Mirá la mesa (la mesa SOS vos).

Mirá cada una de las patas (si está más gruesa, si está a punto de quebrarse, si está torcida). **Vas a ser tu propia carpintera.**

MI CUERPO Y YO
AMOR PROPIO
FAMILIA
PAREJA
AMIGOS
PROFESIÓN - TRABAJO

Veamos qué hay que arreglar en este lío y vayamos de a poco. A vos no te gusta esperar". Y es así.

Pero en la vida hay que **esperar**.

Hice el dibujo de la mesa y, ¡madre mía!, no sé cómo no se cayó antes. Un desastre... pero dice Ale que tiene arreglo.

Y me fui mucho más tranquila del consultorio.

Se trata de ir tomando pequeñas grandes decisiones para que la mesa sea un mueble hermoso y me pueda apoyar sin miedo a que se caiga.

Qué lío esto de crecer, ¿no?

¿Cómo gestionar conflictos familiares?
Reunidos, de buenas maneras
exponemos cómo nos sentimos,
sin juzgar al otro.

DIÁLOGO
AMOR
EMPATÍA
CADA MIEMBRO DIRÁ...
ALGO BUENO
ALGO QUE LE MOLESTA
ALGO BUENO

MI ANSIEDAD SE ALIMENTA
DE SU TOXICIDAD.

Una chance no se le niega a nadie

L e dije a Nico, por vez número 328, que quería separarme definitivamente, sin ninguna duda. Estoy harta de sufrir, de pasarlo mal. Mi **trastorno de ansiedad se alimenta de su toxicidad**; Nico es el combustible de mi angustia.

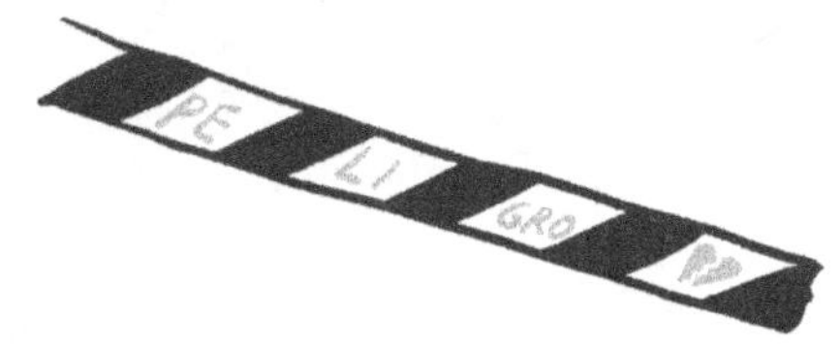

UN CUADRADO
NO ENTRA EN
UN TRIÁNGULO

...SI NO ES LIGERO...

...SI NO ES MUTUO...

...SI NO FLUYE...,
...SI ES FORZADO...

NO INSISTAS,
QUE LA VIDA
ES LARGA,
PERO NO TANTO.

Es una ecuación espantosa esa, ¿no? Nico lloró por primera vez; me dijo que le diera una oportunidad, que me quería, que sabía que había hecho las cosas mal, que iba a empezar a hacer *mentoring* para trabajar sus aspectos tóxicos.

Yo no creo demasiado en esas cosas, pero una chance no se le niega a nadie. Esto dice Dora, una amiga de mi mamá que hace quince años está casada con un hombre al que no ama, pero dice que no puede dejarlo porque es buena gente. Me da pena Dora. "Pero ella elige: es grande", dice mi mamá.

Y ella también siente pena por Dora.

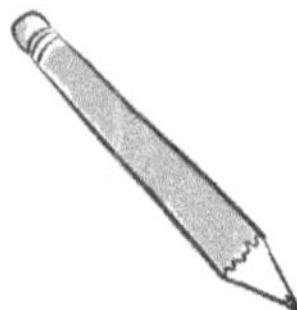

Tengo una carta (es raro porque no llegan cartas en estos tiempos digitales). No sé si les conté, pero apliqué para un intercambio en París: un año en una escuela de arte. Apliqué un día que estaba con insomnio (uno de los tantos). Hay muchos candidatos, muchos aspirantes, muy pocos ingresantes. Tengo la carta con el membrete del Art Academy París, y tiemblo. La abro. Nico me pidió una chance, y yo tengo la carta en mis manos. Odín me mira; piensa que estoy jugando, pero no: estoy temblando. No es un juego: son mis nervios. La abro, y lloro con el primer llanto de alegría desde hace mucho tiempo. Me aceptaron: tengo la beca completa.

EL MIEDO ES COMO UN BARRILETE, COMETA O PAPALOTE

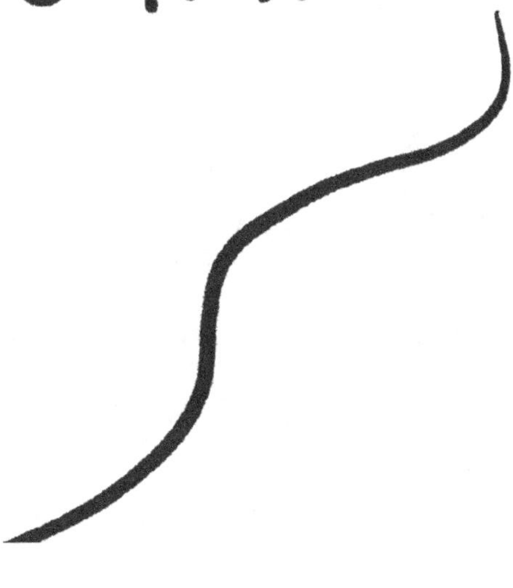

CUANTO MÁS
HILO LE DAS...

MÁS ALTO
VUELA

QUE NO
COBRE ALTURA

TENELO
CORTITO

LA BUENA
NOTICIA:

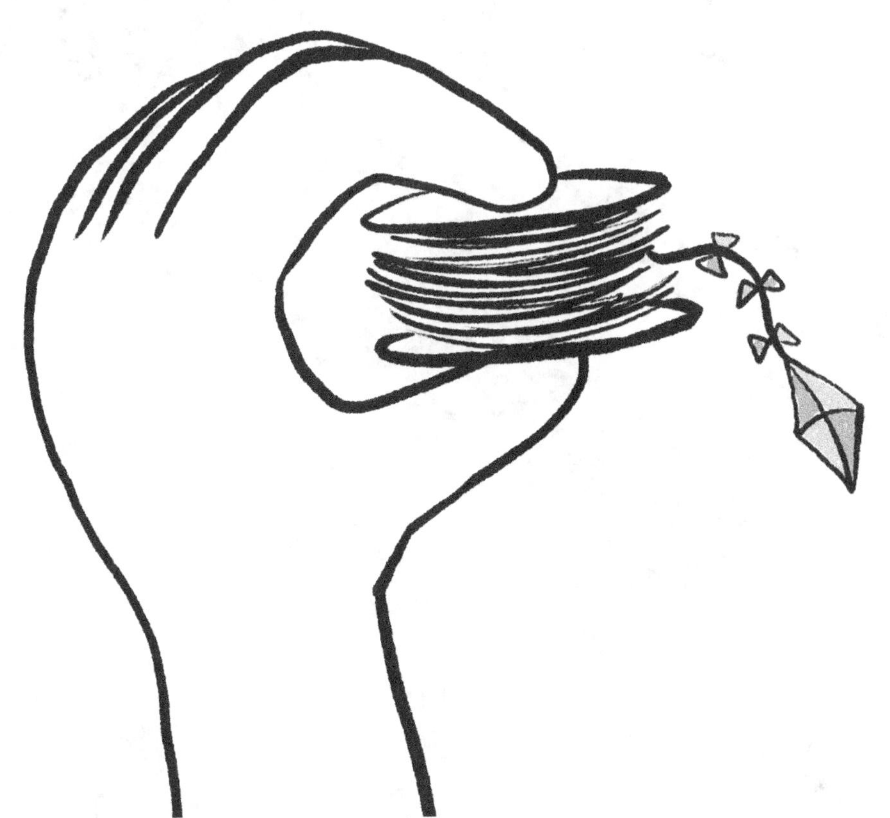

EL CARRETE
LO MANEJÁS VOS

TENÉS
UN MAIL

La plata del pasaje me la da mi abuelo, y me puedo ir a París. Nico me pidió una chance; quizás, mientras Nico trabaje sus aspectos tóxicos, yo viajo a París, **y soy feliz ahí**. Respiro y tomo aire. Quizás entienda algo más de lo que me toca vivir.

Me voy a París... no lo puedo creer. Nico llora en la despedida. Una chance no se le niega a nadie, y quizás esta sea mi chance por primera vez.

Último aviso para despegar

Estoy en el aeropuerto con mi mamá, mi papá, Fermín, Odín (con correa) y (no lo puedo creer que esté ahí) mi abuelo. Nico llega más tarde.

Yo estoy emocionada, muy emocionada: es el viaje de mi vida. Creo que llevo mucho equipaje. Mi papá tuvo que sacar la tarjeta para pagar el exceso de equipaje. Bastante plata... me dijo que no me preocupara, que no es nada. Pero, por su cara, me parece que es bastante plata. Me habían alertado de que llevara menos valijas...

Hora de embarcar, y mi panza es un nudo. Abrazo a mi abuelo, fuerte, fuerte, **fuerte**. Me dice al oído: "Vas a brillar, mi chiquita". Mi abuelo sabe lo que tiene que decir, en qué tono y cuándo.

Nico (que ya llegó) me dice que me quiere ayudar con el equipaje; está haciendo méritos. Tengo dos bolsos y una valija chiquita. "Teneme el celu", me pide. Justo entra un mensaje: "Hola, bombón". ¿WTF? Yo no le digo *bombón*, y yo estoy ahí. Yo no le mandé ese mensaje. "¿Qué carajo es esto, Nico? —Mi mamá, mi papá, Fermín, Odín y mi abuelo observan la escena—. Explicame quién te manda un "Hola, bombón".

HOLA, BOMBÓN.

"Hola, bombón, ¿ya se fue?", insisten del otro lado.

"¿Pasa algo, Gretta?", pregunta mi mamá. Claro que pasa. Este pibe me mintió una vez más. "Decile al bombón que en media hora me voy, y podés ir a hacer cucharita con ella", ironizo.

Nico me jura que no es lo que parece; abro el chat con el teléfono todavía en mi mano. *Se llama Mayra*. En la foto de perfil hace trompita, y tiene puesto un body de leopardo. El mundo se me derrumba, o se me acomoda. Mayra le mandó, hoy a la mañana, una foto en tetas, tomando café con leche.

"Nico, sos una mierda. No te quiero ver nunca más. Andate de este aeropuerto ya mismo, o te hago sacar por la policía. Andá con tu *mentoring* a que te cure lo tóxico". "Air France anuncia la salida de su vuelo con destino al aeropuerto de París"…

Mi abuelo, Fermín, Odín, mi papá y mi mamá me miran; Nico empieza a caminar despacito para el otro lado. Les doy un abrazo enorme, y entro llorando hacia la aventura. Gracias, Mayra; con el tiempo te daré las gracias. ¡Y *bon* **voyage** para mí!

Acerca del amor romántico

Leí en el libro de Tamara Tenembaum (*El fin del amor*) que, en el paradigma del amor romántico, **la mujer desarrolla su valentía a partir de la posibilidad del amor por un hombre**. "Porque tengo el corazón valiente, voy a quererte, voy a quererte", dice Tamara, y yo pienso que hay muchas otras cosas que puedo hacer desde mi valentía, mucho más allá de enamorarme. Amar es valiente, pero también es valiente irme a vivir sola. También es valiente irme a París; también es valiente dejar una relación que me hace mal, como la que tengo con Nico. **Cómo nos han complicado la vida los mandatos y las viejas estructuras...** Caramba que nos la han complicado...

CÓMO
nos
COMPLICAN
LAS
VIEJAS
Estructuras

París

El aeropuerto de París es enorme, gigante. Me tiembla un poco todo; hay gente con turbante, hay gente de todos lados. Es increíble. Me da mucha emoción saber que estoy acá. **El gran desafío es no tener un ataque de pánico** porque (no les conté) yo, francés no hablo nada y, con el inglés, acá no sé si me arreglo.

Tengo que tomar el RER B (un tren francés), hacer combinación con el metro, otra combinación y bajarme en la estación Père Lachaise . Ahí vamos... Gretta en París... ¿qué tal?

RER B

Me iban a venir a buscar, pero me mandaron un mensaje donde me decían que estaban complicados, y ahí voy. Coraje, Gretta, coraje. No llego más al tren: hay que caminar mucho, mucho. Ya estoy arriba; respiro, hago el ejercicio de la manito que me dice Ale. Un subte, otro subte; me siento rara, pero tengo que hacer foco y manejar la ansiedad. Que el pánico no aparezca...

Bajo finalmente en la estación Père Lachaise . Los números no son como en Argentina: viene el 1, viene el 30, viene el 0, y así me estoy perdiendo, y hace tres horas (en realidad, son quince minutos, pero me parecen tres horas) que voy dando vueltas y no llego más.

¿Dónde está el 94?

Me siento en un umbral, y tengo muchas ganas de llorar. Pasa una chica; me pregunta en francés qué me pasa, o imagino que me pregunta eso. No la entiendo. Le explico en inglés que estoy buscando la calle, ese número y que la numeración es distinta y que vengo de muy lejos y que tengo miedo. Me dice que la siga: estaba a dos casas. Son raros los franceses para poner los números... son muy raros.

Ya está: ya llegué. Primera prueba superada. No hubo pánico. Acá estoy.

Mercy. Eso sí lo sé decir; "Muchas *mercy*", le digo. No sé cómo se dice "muchas" en francés, y estoy en París, y **me tiembla el corazón y me late el alma,** y extraño a Odín, a mi papá, a mi abuelo, y a mi mamá también.

A Nico... a Nico, por suerte, no lo extraño. La mitad del viaje estuve pensando en él. Y gracias a la profe de yoga por haberme sacado a ese tóxico de encima.

Yaro

Me mira, y se sonríe con toda la cara. Me enamoré. No sé cómo se llama; no sé quién es. **Me enamoré en francés, en alemán y en inglés**. Está pintando en un lienzo; lo mira y me observa. Me siento como a los quince: mariposas en la panza. Qué boluda... no me puedo concentrar ni un poquito en el trabajo. Me pongo colorada. Leí por ahí que, cuando alguien se pone colorado, es porque queda en evidencia el deseo. ¿Tanto se me notará?

Se fue el profesor; se fueron los demás. Queda él, y quedo yo, y no para de mirarme: me va a matar. Es la canción que escucha mi viejo: *Matándome suavemente (Killing me softly whith his song)*. Se hace eterna la clase.

Es alto, moreno; no sé su nombre, pero me quiero ir a vivir con él. Guardamos los lienzos; me mira, y el corazón se me sale de la caja. Tiene que pasar por al lado mío; yo demoro a propósito para darle tiempo.

Me dice: **"Bonjour"**, y a mí se me traba la lengua. "Bonjour", le digo. "English?", me pregunta. Le digo que sí con la cabeza. No puedo hablar.

Yaro (hermoso nombre), te quiero, Yaro, y qué boluda... Vamos caminando por el pasillo. Él, al lado mío, me pregunta: "Coffee?", y yo le digo: "Coffee", y pienso: "Coffee, té, mate, lo que quieras".

Estoy en París enamorándome; estoy viva de vuelta, y no extraño nada ni a nadie. Todo está donde debe estar, como debe estar. Solo le pido a mi cabeza que me deje disfrutar en **paz**; ya se las va a arreglar para complicarme la vida.

...COFFEE?
CAFÉ, TÉ, MATE... ¡HASTA AGUA!

Noche loca en París

Seis meses después, Yaro se vuelve a África; Nico no está.

Mis compañeras de cuarto me invitan a una fiesta en Amboise, a cien kilómetros de París, en casa de los padres de una de ellas.

Allá voy. El cielo está celeste en París, pero mi cabeza es un torbellino.

La ruta es hermosa, pero a mí hoy nada me hace bien.

Día complicado para ir de **fiesta.**

La casa es increíble: una mansión de película.

La música se oye desde la ruta.

Mucha gente y mucho, pero mucho, pero mucho, alcohol.

Que me perdone mi cuerpo: hoy es un día para el descontrol.

Y lo último de lo que me acuerdo es del chico alto de dedos largos y flacos que me da un trago no sé de qué, y yo, con la panza vacía.

Me levanto. "¿Y vos quién sos?", le pregunto.

"Je ne comprends pas". ¡Y a mí qué coño me importa si compraste pan o no!

Pero no: me está diciendo que no entiende, y yo no *parlo* francés. Y la cabeza me estalla en 29.000 pedazos, y no puedo parar de maldecirme y de vomitar. Y no sé qué pasó anoche; busco en mi cabeza: no encuentro nada.

"¿Te cuidaste?", le pregunto.
"¿Did you take care?", le pregunto en inglés.
"Je ne comprends pas...".

Otra vez. **Desesperación**. Mi cabeza estalla. No sé quién es este chico que lo único que repite es que no compró pan. Quiero que me abrace mi abuelo: solo eso quiero. Tengo que ir al baño, pero no puedo pararme. ¿Qué hago sola en esta casa?, ¿qué hago en París?, ¿qué hago con mi vida? ¿Qué pasó anoche?

"¿Cómo te llamás?" (eso sé decirlo en francés).
"Gerard, je me apel Gerard" (o algo así).

Por lo menos sé que estoy en casa de Gerard.

Ahora, mi querido Gerard, a rezar para que no quede embarazada de un *petit* bebé y que esta pesadilla termine en mi cabeza.

Quiero que mi abuelo me abrace pronto.

Quiero volver a casa. Me faltan diez días para terminar la beca en París. Pero no quiero más. Estoy hablando con la agencia de viajes a ver si puedo adelantar el regreso. Es complicado.

No tengo nada más que hacer acá. O sí, pero no tengo ganas. Le pedí sesión a Ale.

ALE
SCHUJMAN

Me va a dar una sesión trasnoche porque acá son cinco horas más que en Argentina. Pero preciso hablar.

Ahí me conecto; hay tan mal wifi acá en la residencia... Somos veinte colgados de la red.

Ahí está Ale; tengo que hablar bajito porque ya es hora de silencio acá.

"Me quiero volver", digo y lloro. Ale me acerca pañuelitos por la app; me río: no llego a Buenos aires con la mano.

Me cuenta un cuento:

Un pescador vivía en la inmensidad del Polo (cualquiera de los dos: el que más te guste). Pescando (como todos los días de su vida), le parece ver a un grupo de mujeres danzando desnudas en círculo. "Debo estar alucinando", piensa y sigue con su tarea. Al rato vuelve a mirar en esa dirección y, efectivamente, un grupo de mujeres danzan desnudas y en círculo. A los pies de cada una, hay piel de foca. El pescador instintivamente toma una de las pieles y la esconde. Al rato terminan la danza, y cada una se pone sus pieles y vuelve al océano. Todas menos una, cuya piel está en poder del pescador. Se acerca; le pide disculpas y le explica que no es mal hombre, que solo quiere que se quede con él un tiempo, que está muy solo. La mujer no tiene opción: se queda. Se enamoran (porque, efectivamente, no es mal hombre a pesar de lo que ha hecho), y tienen un hijo.

El niño crece, y ve a su madre envejecer porque no es de allí arriba, sino del océano. Descubre el escondite donde está su piel, y se la devuelve.

La mujer vuelve al océano, y va y viene a visitar a su marido e hijo.

Este es un cuento, según me dice Ale, de *Mujeres que corren con lobos*. Su autora, Clarissa Pinkola Estés, dice, analizando el cuento, que, cuando alguien tiene mucho de algo (de lo que sea: viajar, amar, trabajar o lo que fuere), precisa volver a casa. Y *casa* es uno mismo.

BON VOYAGE PARA MÍ.

"Quizás sea tiempo —me dice Ale— de hacer el viaje que tenés pendiente: el viaje a Gretta".

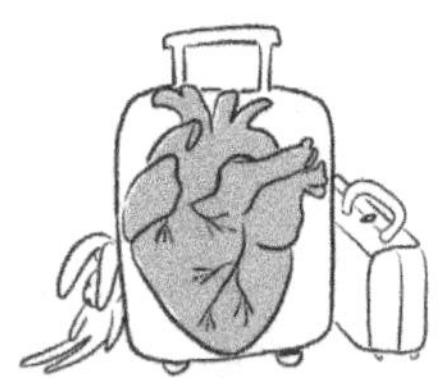

QUIZÁS SEA TIEMPO
DE HACER ESE VIAJE
QUE TENÉS PENDIENTE...
...EL VIAJE AL INTERIOR.

Vuelta a casa

Y sí: faltan diez días, solo diez, y será tiempo ya de volver a casa, de volver a mí misma. Cierro los ojos: tengo un **vuelo** largo por delante.

Aeropuerto de París-Charles de Gaulle: "Air France anuncia la partida de su vuelo con destino a Buenos Aires".

Ahí voy. Nico es pasado; Yaro también. Ahora, como me dijo Ale, a ver si encuentro a Gretta. Como buscando a Nemo, pero a mí.

No sé muy bien lo que tengo que buscar, pero creo que tengo las cosas mucho más claras. **Tengo que acordarme de quién quiero volver a ser**. Quiero crecer, ser feliz, disfrutar de lo que hago. Un amor lindo... no más mierda.

Con Yaro fue una linda historia, cortita; no me mintió: eso es un montón. Además, tiene una sonrisa maravillosa.

Extraño a mi abuelo, a Odín. Hasta quiero abrazar a mi hermano... Lo mal que estoy... Jugaría al *fornite* con él, y todo...

Empieza a carretear.

Hay un momento en el despegue que me encanta. Acelera y acelera; hay un punto de no retorno. *Punto B* se llama. No hay vuelta atrás. Ojalá yo esté en ese punto de no retorno.

Ojalá. 3, 2, 1, levanta vuelo, ¡y allá voy! Esperame, Gretta, voy a tu encuentro. Esperame, que estoy saliendo.

A trabajar...

(ODÍN)

Acá vuelvo yo, y estar solo no es tarea sencilla. Los gatos somos solitarios; hasta nos bañamos solos (no cualquiera). Pero les dejo algo para trabajar el amor propio, del que me dijeron que es el combustible para poder estar bien con uno mismo. Me está gustando esto de ser maestro de ceremonias...

EJERCER AMOR PROPIO
* Cuidá lo que consumís.
* Cuidá lo que le ponés a tu cuerpo y a tu mente.
* Empezá y terminá el día de manera amorosa contigo misma/mismo
* Trabajá en tus pasiones.

* Revisá los mandatos que te complican la vida.

* Mové el cuerpo.

* Rodeate de gente que te impulse hacia arriba y hacia adelante.

* Disfrutá lo que tenés en vez de sufrir por lo que te falta.

* Anotá 5 cosas que te gusten mucho de vos. No vale no llegar a completarlas.

* Practicá la gratitud, ¡SIEMPRE!

CAPÍTULO 5

Asuntos de familia

Papá y mamá

Cuando mi papá y mi mamá estaban empezando a creer que iban a animarse a la separación, mi mamá quedó embarazada de Fermín. Fue la peor noticia que recibieron en su vida. Pobre mi hermano... Es el hijo del final de la pareja. Fermín nació, y fue un año de mierda. Yo tenía 15 años. Estaba enojadísima con los dos y con Fermín también, porque mi mamá y mi papá estaban más preocupados por el hecho de que el bebé estuviera bien que por lo que me pasaba a mí con el descontrol que habían sido esos años.

Así creció Fermín: sobreprotegido por la culpa de mis viejos. Me llevó bastante aprender a quererlo. Por más que entendía que no era culpa de él, lo hubiera encerrado en una baulera para siempre.

Fermín y yo no compartimos muchas cosas: le encantan las ciencias. De arte, nada, pero lo quiero mucho y es mi pichoncito. Ahora estoy viviendo sola, y a él le gusta venir y quedarse a pasar alguna noche acá.

A veces le pido consejos a Fermín. A pesar de que es más chico, tiene mucho más sentido común. Él siempre me dice que tengo que darle una chance a Joaquín. Joaquín lo adora; de hecho, le enseñó a usar programas de computación (hasta eso hace bien).

Sofía, la madre de Gretta

Hola, soy Sofía, la mamá de Gretta. Ella, seguro, les habló de mí (imagino que no muy bien). Soy intensa; yo sé que soy intensa, pero todas las madres somos así, ¿o no? Lo mismo decía yo de la mía cuando era chica, y ahora soy un calco de ella. Con Gretta tenemos una relación tan difícil... Yo la amo. Mis hijos son lo más importante en mi vida. Y ella sufre... sufre tanto mi chiquita... sufre con sus miedos, con esos chicos que elige y que solamente la hacen sufrir. Sufre con su ansiedad.

Hizo terapia, según me dijo, y estoy a minutos de llamar a su terapeuta y ver si me puede ayudar a ayudarla.

Y esto del viaje ahora me destroza; tanto miedo me da mi hija sola en París...

Mi marido me dice que no tengo miedo por ella sola en París, sino por nosotros solos acá sin ella. Mi psicóloga me dice que Gretta sostiene todos los problemas que yo tengo con mi esposo, porque no somos felices juntos. Hace mucho que no somos felices juntos, y no me separo por los chicos, aunque Gretta ya voló, literalmente.

Gretta dice que yo soy tóxica, que digo siempre las mismas cosas, que le quemo la cabeza, pero es más fuerte que yo. No puedo verla sufrir... ¿a vos no te pasa lo mismo con tus hijos?

Muchos son muy jóvenes, pero ya van a entender. Estoy esperando a que llegue el avión para poder quedarme tranquila. Me dan mucho miedo los aviones. Me medico para viajar.

Ella es igual a mí. Ella también tiene miedo, pero es más valiente. Yo no me subo a un vuelo largo: prefiero perderme el viaje. Hablo y hablo y hablo, y no paro de hablar. Eso me dicen Gretta y mi marido; eso me dicen todos, en realidad. **Qué difícil es ser madre, qué difícil...**

Mariano, el padre de Gretta

Gretta les debe de haber hablado de mí; no sé qué les dijo.

Tan difícil es esto de ser padre... Tan difícil...

Gretta fue buscada; cuando mi mujer quedó embarazada, estábamos en el mejor momento de la pareja. Después, todo se complicó pero, por supuesto, no es culpa de ella. No sé si lo sabe: ella se siente responsable. ¿Qué culpa va a tener, pobrecita? Ella no pidió nacer.

Es muy querida. Pero quiero que me conozcan a mí: de ella ya saben bastante. Me crie desde abajo, con mi viejo en la fábrica todo el día; mi mamá cosía para afuera. A mí no me enseñaron a hacer lo que me gustaba: me enseñaron a sobrevivir, a hacer lo que cada uno podía para que no faltara el pan en la mesa.

Comíamos una vez por día, hasta que mi papá tuvo un accidente en la fábrica. Perdió una mano y, con la plata que le dieron, vivimos mejor. Qué loco, ¿no?, le costó una mano vivir mejor.

Con la madre de Gretta, **la relación es muy difícil. Gretta lo sufre,** y más Fermín. Yo soy de la época en la que separarse era cosa rara. Somos socios, y no pareja, y los chicos lo padecen.

A mí me cuesta mucho hablar de lo que siento. Mi mujer habla todo el tiempo. Ella habla; yo, en silencio, y me enfermo. Tengo una cardiopatía; hoy estoy medicado, fuera de peligro. Mi cardiólogo me manda al psicólogo. No quiero ir, pero me parece que no me va a quedar más remedio. No la estoy pasando bien, nada bien...

El abuelo, siempre el abuelo

Está mal elegir entre un nieto y otro, pero acá lo puedo decir: Gretta es mi favorita.

Me hace acordar tantísimo a mi hija; por eso choca tanto.

Ella me dice que mis brazos son el único lugar del mundo que le dan paz. Eso me hace tan feliz...

De pequeña, la llevaba a la plaza. Armaba castillitos de arena. Me miraba a los ojos con el flequillo que le tapaba los ojos. "Abuelo, ¿te gusta así o lo querés más alto? Porque estoy haciéndote un castillo para que vivas con la abuela como lo reyes que son", me decía. Mi vida fue muy dura: nada de reyes. Mis padres, inmigrantes; trabajar y trabajar para poder comer. Nunca me faltó comida, pero la pasé mal. Fue muy dura mi infancia.

Nunca me afectó esto: había que trabajar. No había tiempo para jugar ni para abrazos.

Con mi hija fui igual, pero con Gretta soy todo lo cariñoso que no fueron conmigo.

Aprendí a hablar, a decir lo que siento. Ahora, hace un ratito que estoy hablando; me expreso. Y lo feliz que me hace...

Gretta sufre, sufre tanto... Ojalá que en París encuentre la calma. Me contó el otro día que estaba saliendo con un chico que se volvía a África. Qué cabeza la de mi nieta... **Intensa como ella sola.**

En Francia, y de novia con un africano... Pobrecita, mi chiquita... inteligente como pocas, pero enredada, muy enredada... Ojalá pueda ser feliz. Ahora está yendo al psicólogo; yo no creo mucho en esas cosas, pero ella dice que le hace bien.

Mi hija la adora, pero se desespera; se pone más nerviosa que ella.

A mí me gusta comprarle unos bizcochos y esperarla con el desayuno.

La extraño mucho. Pero dice que volverá pronto.

Mi mujer la adoraba; la cuidamos mucho tiempo. Ella no pudo decirle cuánto la quería: también hablaba poco.

La extraño tanto a mi mujer... la extraño mucho. Éramos una pareja feliz de esas que hay pocas. Se me hizo un nudo en la garganta. No voy a poder seguir hablando. Perdoname...

CAPÍTULO 6

Nico y más Nico

Vuelta a la calma, o así parece

El avión aterriza; las ruedas tocan el suelo, y acá estoy, de vuelta en casa. Aterriza y lloro, con emoción y con miedo; me tiembla un poco casi todo. Bajo la escalera, y me acuerdo de mi primer día de colegio primario: de una mano, mi mamá; de la otra, mi abuelo. Lloraba; no quería empezar el primer grado. Tenía mucho miedo. No quería soltar la mano de ninguno de los dos. Mi maestra se llamaba *Eva*. Bajita y de espalda grande.

Mala, remala. Tenía el apellido de una marca de soda y, cada vez que veía esa marca en el supermercado, yo lloraba.

Pobre Eva, o pobre yo, chiquita y asustada. Así me sentía

bajando la escalera del avión. Migraciones, equipaje y las piernas me tiemblan. Montón de regalos para todos. Cruzo los pasillos del aeropuerto de Ezeiza. Camino al trotecito. Ahí están papá, mamá, Fermín y el abuelo.

Un cartel enorme: **"Bienvenida, Gretta"**. Lloro, corro, los abrazo. Un viaje largo, más largo adentro que afuera. Vuelta a casa, vuelta a casa.

Bienvenida, Gretta.

¿Adivinen quién volvió?

Jet lag… tengo jet lag. Me duele la cabeza como si me hubieran puesto un torniquete. El mundo da vueltas; en mi cama otra vez.

CALMA

CALMA

CALMA

ALMA

Comí milanesas con puré; fui feliz y... timbre. Tengo sueño, mucho sueño. Timbre largo. Bajo medio desnuda; no me anda el portero.

Mensajería. Paquete de una casa de regalos. Cartita. No, no puede ser. Qué tipooooo... volvió.

GRETTA

No tengo palabras para pedirte disculpas.
No sé ni puedo vivir sin vos.
Te amo a pesar de los pesares.
¿Me das una chance?
Tuyo.
Nico.

No, no puede ser. El regreso de los muertos vivos. Cuatro meses sin saber de él (en realidad, lo tengo bloqueado).

Me compró una lámpara hermosa. **Me cagó la vida. Y ahora vuelve.**

Vuelve el perro arrepentido con sus miradas tan tiernas, con el hocico partido, con el rabo entre las piernas.

La lámpara la voy a usar; es relinda, pero no te desbloqueo. No, los turros no cambian, no cambian más. No vuelvo a morder el anzuelo. No con vos.

Y pasan las horas, y leo tu carta cien mil veces. Y pienso: "¿Y si quizás entendiste que no podés joderle la vida a la gente? ¿Si te diste cuenta? ¿Y si realmente me amás? ¿Y si probamos? ¿Y si me lo pierdo?".

Salgo a caminar; no puedo parar de pensar. Tiene el sentido de la oportunidad de los canallas. Recién llegada. Se enteró por redes sociales de que volvía, y acá está. ¿Qué hago ahora? Mis amigas lo odian; mi familia, aún más. Ale me va a decir que no lo vea.

Me la juego; yo lo extraño, y es el único tipo del que realmente me enamoré. Entró a nuestro chat. ¿Lo desbloqueo? A la una, a las dos, a las tres.

¡HE
CAMBIADO!
HOLA

¡Hola, Nico! recibí tu regalo. Muchas gracias. Estoy en Buenos Aires, por supuesto.

La cagué otra vez, ¿no? Hola, soy Gretta, la que hace todo al revés...

Volver a vivir... mal

"Quiero verte", me dijo Nico. "¿Y cómo sé que cambiaste? Sufrí mucho por tu culpa. ¿Cómo sé que no va a ser todo igual?". "Tenés que creerme; esta vez va a ser distinto. Te extrañé mucho estos meses que estuviste afuera. Dame una chance".

Sé que estoy haciendo una cagada; es mejor pedir perdón que permiso. Hola, soy Gretta, la que hace todo al revés, y no se lo puedo contar a nadie porque me internan. Ni a mi psicólogo, ni a mis amigas ni a mi familia. Soy Gretta, la que hace todo al revés. Suena el timbre.

Me besó como nunca lo había hecho. Con todo el amor que hacía mucho no sentía. Me trajo los bombones de fruta más ricos del mundo (sabe que son mis preferidos), de la misma confitería donde me compra mi abuelo.

Me escribió una carta. Pensé: "Una de dos:

1) es un desgraciado manipulador;

2) realmente, está enamorado de verdad".

Me sentí en el cielo; me inyectó mariposas en la panza. Me hizo vivir momentos maravillosos. Me sentí hermosa, amada, sexy. Me imaginaba también a toda la gente que me quiere con el emoji de taparse la cara, diciendo: "NOOOOOOO". Pero así soy...

Surfeando las maravillas del amor

Hace tres semanas volví con Nico. No lo sabe nadie. Mis amigas piensan que estoy enojada por algo. Mi familia, que estoy triste porque volví de París antes de tiempo. No se imaginan que estoy de vuelta con Nico. Y, si se lo digo, me tengo que fumar toda la mala onda que me van a tirar, y no quiero. Tampoco fui a terapia estos días. Estoy fugitiva en el planeta Gretta, con Odín y con Nico. Nada más. Voy a esperar un poco más, y lo cuento; quiero tener argumentos para mostrar que no estoy haciendo lío otra vez. Es como hacen las embarazadas: esperan tres meses para contarlo. Yo voy a esperar un poco más. A ver si puedo hacer algo bien en mi vida. Una cosa al menos. Una. Solo una…

Encontré, en el Instagram de Nico, que sigue a unas chicas a las que antes no seguía. Diosas mal… Le pregunté; me dijo que son amigas de su hermana. Las conoció en un cumpleaños.

Me estoy enfermando…

Como las *stalkeo* todo el tiempo y no paran de subir *stories*, me estoy enloqueciendo. Son dos diosas, Nico les *likeó* varios posts. Las miro, me miro, y no me gusta lo que veo. Mi panza se cuelga: es un asco. Mis piernas, mi cola…

Bajo una dieta de la web; empiezo a entrenar con una app. Me meto para adentro, y la paso como el culo. Mi mamá me dice que está preocupada por mí. Quiere hablar con Ale; no sabe que no estoy yendo desde hace un mes. A Ale le dije que estoy cubriendo a una compañera en el trabajo. Me parece que me estoy hundiendo. Pero voy a salir adelante; yo lo voy a poder resolver. "We can work it out", dicen los Beatles.

Yo puedo solita y, si no, me hundo como el *Titanic*.

Hola, soy Gretta, la que hace todo al revés.

Listo, me cagó. Otra vez, una vez más. Con una de las diosas "amigas de la hermana". Le pregunté a Flor (la hermana de Nico), y no sabe quiénes son esas dos. Soy una boluda. Soy la peor. Él es el peor de todos, y yo, la boluda más importante. Me quiero morir, literalmente. Nadie sabe lo que me pasa, porque no puedo explicarlo.

Tengo el estómago cerrado; tengo el corazón hecho pedazos. No lloro así desde que perdí mi muñeca en el jardín. Hace dos días que no salgo de mi casa ni atiendo el teléfono. Me quiero morir... literal. No es una forma de decir. Otra vez... no puede ser, otra vez...

Ale llamó a mi familia; no sé cómo consiguió el teléfono. Mi mamá le dijo que no estaba cubriendo a nadie en el trabajo. Tengo a mi padre y mi madre en la puerta de casa derrumbando el timbre.

Abrazo a mi papá. Me siento una imbécil. Mi mamá llora, mi papá no dice nada, mi abuelo me acaricia la cabeza. Lo único que dice mi papá es: "Lo quiero cagar a trompadas a ese h...". Pero no es Nico; no es solamente Nico: soy yo la que le creí. El problema también es Gretta.

Consultorio de Ale: asamblea para ver qué hacen conmigo

Mi papá, mi mamá y yo

Ale les explica que la situación es complicada, que tengo, además de todo lo que está desordenado en mi vida, un trastorno alimentario límite. Que pone como condición que hagamos interconsulta con una nutricionista amiga de él: Mariana. Que el trabajo en equipo es importante. Que vamos a reforzar las sesiones y que todo va a estar bien si trabajamos en red.

Ale me vuelve a pedir, mirándome a los ojos: "Gretta, preciso, y es urgente, que me ayudes a ayudarte".

¡Es urgente que me ayudes a ayudarte!

Lo miro a los ojos con algo de vergüenza, y asiento con la cabeza. "No te escuché, Gretta". Que sí, que sí, carajo. **¡Que me voy a dejar ayudar!** Y lloro, con un llanto raro, porque algo de alivio tengo, o mucho. **Hay gente que me quiere de verdad...**

PARA NO SUFRIR EN SILENCIO

- LO QUE NO SE EXPRESA PROLONGA EL SUFRIMIENTO.
- LO QUE NO DECIMOS NOS ENFERMA.
- NO SUPONER.
- NO ACUMULAR PARA NO INTOXICARNOS.
- NO DEJAR DE DECIR PARA NO MOLESTAR.
- SOS PARTE DE LOS QUE TE QUIEREN. LOS QUE TE QUIEREN SON PARTE DE TU VIDA.

CAPÍTULO 7

Volver a empezar, dando vuelta la historia

Hoy vamos a lo de Mariana, la nutricionista. El consultorio es muy lindo, muy ordenado. Nada que ver con el de Ale (que es lindo, pero desordenado y está lleno de cosas).

Mariana es muy prolija. Me recibe con una sonrisa muy grande. Entra mi mamá, y ella la frena: "Gretta entra primero; yo después te llamo".

Me pregunta cómo estoy, cómo me veo, cómo me siento, qué estoy pudiendo comer. Me cuenta que ella trabaja con Ale en equipo desde hace mucho tiempo y que entre los dos me van a ayudar. Me explica que las **emociones y la comida se relacionan,** que lo que no podemos tragar, lo que no podemos digerir es aquello que nos hace daño, y también es lo que no nos permite comer.

LO QUE NO PODEMOS DIGERIR ES ESO QUE NOS HACE DAÑO.

A veces cuesta que la gente entienda que la comida no te entra. Que no se trata solo de abrir la boca, tragar y, ¡listo! Por suerte, Mariana sabe que no es así de fácil. Ella me dice que necesitamos trabajar para que podamos ordenar las emociones, procesarlas; para que pueda expresar lo que siento, sacarlo y así hacerle lugar a la comida.

Me cae bien Mariana. Tengo ganas de volver a llorar, pero esta vez no lloro. Me pide que le cuente a quién sigo en las redes, y me explica que *alimento* no es solo lo que como, sino todo lo que consumo: lo que veo, lo que escucho, lo que huelo, lo que saboreo (no solo lo dulce, sino también lo amargo). También es lo que toco, con quién como y qué pienso de lo que como.

"Las redes sociales están llenas de *influencers* que te dicen que comer es un delito, que comer lo que nos gusta nos da culpa, que con mucho esfuerzo tenés que gestionar esa imagen llena de filtros. ¿Peligrosas las redes, no?". Lo dice y pienso que sí, lo mucho que sufro cuando veo los cuerpos en IG y los comparo con mi propio cuerpo.

Me explica que la comida no cumple solo una función nutritiva, sino también social (cuando nos juntamos con mis amigas, siempre hay comida en el medio. No hay un cumpleaños sin torta, ni una reunión familiar sin una mesa que nos convoque) y, por último —pero no menos importante—, una función placentera.

Me pregunta qué me gusta comer, y me cuesta contestarle. Me cuenta que a ella le encantan los chocolates. ¡Me habla de estos y le brillan los ojos! Con sorpresa, logro recordar las tortas negras que como con mi abuelo. Y, de repente, me brillan los ojos a mí también. Creo que estoy entendiendo de qué se trata esto.

Me dice que será un proceso, con avances y recaídas, pero que es muy importante intentar una relación saludable con la comida. Podremos cambiar de pareja, de amigos, de carrera, de ciudad, de trabajo, de situación económica pero, estemos donde estemos, todos los días vamos a necesitar comer para poder vivir.

Apostar a descubrir qué me hace bien a mí, qué necesito comer, en qué momento y en qué cantidad, registrando mis emociones me ayudará a encontrar mi mejor versión, que es mucho más que un número en la balanza.

Me da un abrazo, y hace pasar a mi mamá.

Me cayó muy bien Mariana; me entendió... claro que me entendió...

No puede ser

No podía pasar nada más, y pasó. ¿Con quién? No tiene nada que ver con Nico, sino con mi abuelo: está en coma. Me llamó mi mamá. Vino con mi papá porque tenían miedo de darme la noticia.

Ella me abrazó llorando. Mi papá lloraba detrás de ella. Rara manera de calmarme... Pero entendí que algo estaba muy mal. "Tu abuelito, Gretta, tuvo un ACV: está en coma. Los médicos no creen que salga". El mundo se derrumbó. Mi abuela, Nico, pero ahora está vacío. Ahora nada, ahora no entra ni sale el aire. Mi mamá habla, pero no escucha. No sé si estoy viva o muerta. No siento nada. Cuando abro los ojos, estoy en la cama: me caí desplomada al piso. Me miro en los lentes de papá, pálida, y pregunto:

—¿El abuelo? ¿En serio mi abuelo? Decime que no lo soñé.

—Gretta, si querés, podés despedirte; aunque no abra los ojos, **él va a saber que estás ahí.**

¿Quién nos prepara para esto? ¿Quién nos ayuda a entender que la muerte existe? Quisiera ser oriental: ellos entienden que la vida es un paso, que solo estamos un rato nomás. Pero no me puedo imaginar despidiéndome de mi abuelo.

No, no, no... Lloro en los brazos de mi madre, con hipo. Luego tiemblo, y mucho. Mi papá le avisa a Ale. Dice que quiere hablar conmigo:

Gretta, es lo más triste que te puede pasar. Es tu abuelo del alma. **Pero tenés recursos y un montón de gente que te ayuda.** *No dejes de darle un último beso porque después te vas a arrepentir. Y decile todo lo que lo querés y lo importante que es para vos. Andá,* *y después vení al consultorio, que te veo. Venite con tus padres; no estés sola en la calle, que estás muy impactada.*

No podía pasar nada más, y pasó.

Adiós, abuelo, adiós. Buen viaje, te quiero tanto…

Tomo su mano; lo miro a los ojos (por fuera, cerrados; por dentro, abiertos). Me acerco, y le digo al oído que lo amo. Lo amo tanto, tanto… Desayunar con él, los paseos por la plaza, el olor de sus camisas, los juegos en mi casa…**Tengo tanto por agradecerle**, tanto… Lo voy a extrañar mucho, mucho. Quiero decirle que no se vaya, que todavía lo necesito. Que tengo miedo, mucho miedo de crecer sin él. Tengo tanto miedo… Los médicos me dicen que tengo que irme. Siento que me aprieta la mano… siento que lo hace. Adiós, abuelo, **te amo**, buen viaje, te amo…

ADIÓS, ABUELO...
TE QUIERO

El día más difícil, y los ojos que me miran

Acá estoy... el día más triste de mi vida, de todo lo que viví. Y creo que de lo que viviré también. Ahí, en un cajoncito de madera, está mi abuelito. En mi mano tengo su foto y una gorra suya que usaba cuando iba al trabajo, pero que me la había regalado. Es abrigada, con una visera redonda... tipo rusa. Mi abuelo era argentino, pero mi bisabuelo, europeo. Polaco... una mezcla rara. No puedo mantener los ojos abiertos. Están hinchados de tanto llorar. **Lo voy a extrañar tanto...**

Detrás de mí, está Joaquín. Les hablé de él, ¿no? Él está enamorado de mí, pero es tan bueno que yo nunca le doy cabida. Él es tan todo lo que está bien, y yo, tan al revés... Pero acá está, y me gusta. Y ahí llega... Y no lo puedo creer. ¿Se imaginan? Se imaginaron bien. Pongan el agua y echen los fideos, que estamos todos: llegó Nico. Ni hoy puede privarse y pensar en los demás. Nico no se pierde de nada, y hoy tampoco fue la excepción.

Pero esperen: la cosa se picó. Nico se acerca a saludarme; Joaquín, que está detrás de mí, lo para y le dice:

—Vos acá no tenés nada que hacer.
—Yo fui el novio. ¿Vos quién sos?

Joaquín es grande, muy grande. Lo enfrenta, lo agarra de la camisa y le dice:

—O te vas en un minuto, o te arranco la cabeza de un puñetazo.
Nico retrocede; se puso todo colorado. No lo puedo creer.

VENCER el ORGULLO
¡DE TENER QUE PODER CON TODO!

Nunca me habían cuidado así. Dos hombres se pelean por mí. Qué bizarro que esto pase durante el entierro de mi abuelo en el cementerio... El cura mira para nuestro lado. Mis padres se dan cuenta.

Joaquín me hace un gesto diciendo que todo está bien. Se acerca, me mira, y pone su mano en mi hombro con amor, con **un amor como nunca antes me había mirado antes. O como nunca me miré yo.** Joaquín me mira con los ojos con los que yo debería mirarme. Él llega a mi vida en el momento y día más difíciles. Entiendo que la vida es una de cal y una de arena y, de repente, me viene una ráfaga de aire. Entiendo que Dios aprieta, pero no ahorca, y empiezo a recordar refranes que no tienen nada que ver: "Al que nace barrigón es al ñudo que lo fajen" (ese fue antes de la deconstrucción de los cuerpos); "No por mucho madrugar se amanece más temprano". Es que a mi abuelo le encantaban los refranes...

Me acerco y le digo: "Abuelo, ¿viste lo que hizo Joaquín? ¿Viste, abuelo, que a tu chiquita alguien la quiere bien? Ponete contento, abuelo, te prometo que me voy a cuidar, por vos, por mí. Me voy a cuidar; vos descansá: yo voy a estar bien".

A trabajar…

(ODÍN)

¡Qué triste la muerte!, pero tenemos una sola vida. Los gatos tenemos siete, pero ustedes, solo una… Y una sola llena de mandatos, de todo tipo de reglas que, cuanto más lejos estén para nosotros los gatos, mejor. Te dejo una técnica que no falla.

Tomá una hoja,
escribí los mandatos
que te complican la vida:

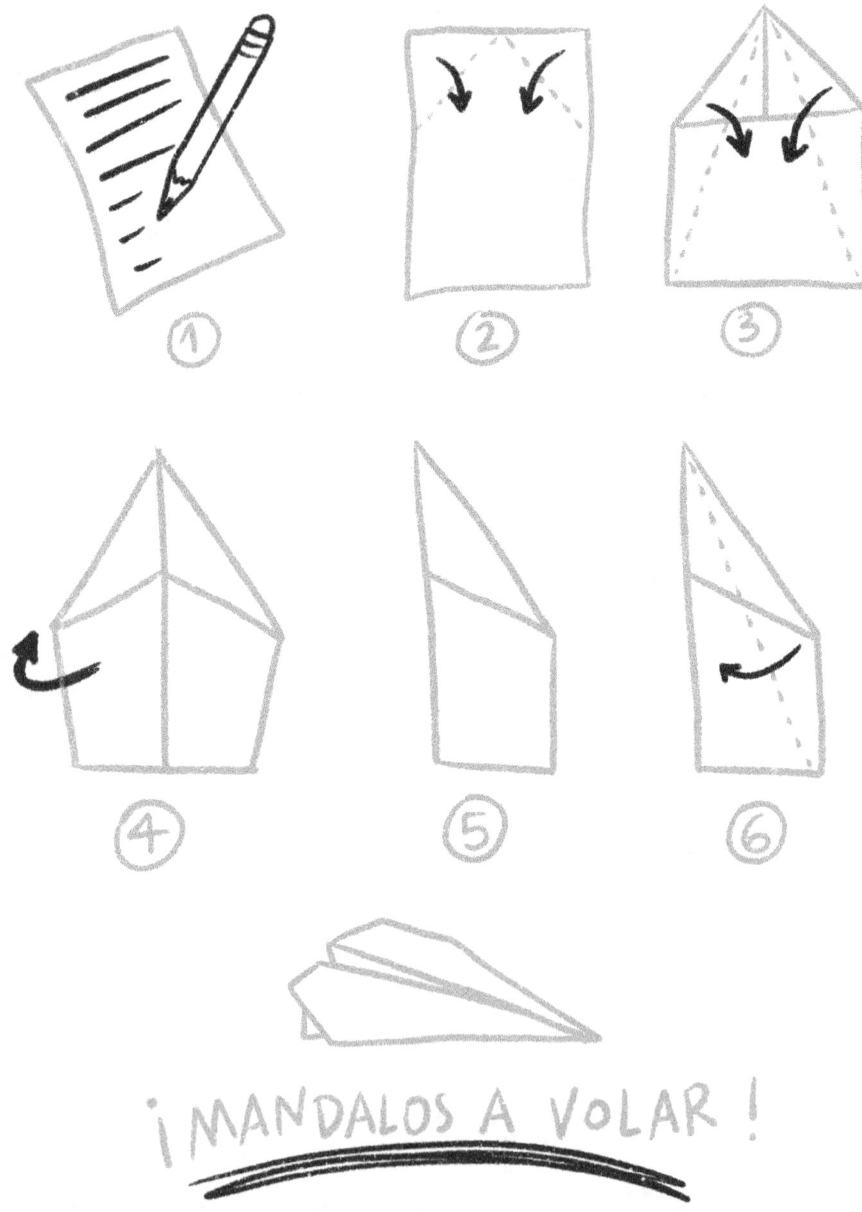

¡MANDALOS A VOLAR!

Sesión con Ale

Hoy voy a precisar muchos pañuelos. Joaquín me acompañó al consultorio. Desde que pasó lo de mi abuelo, no existe un día que no venga a visitarme. Yo no quiero saber nada con eso de volver a enamorarme; preciso tiempo, mucho tiempo, quizás años, veinte o treinta, ja, ja...

El tiempo pasa y pasa pero, igual, todas las noches **sueño con mi abuelo**, y eso que ya pasó un año. Me duele tanto extrañarlo... me duele tanto...

Ale me recibe con caramelos, té y una cajita de pañuelos. Hablamos de mi abuelo; más que hablar, lloro. Y le cuento de Joaquín. Y me dice: "Te voy a regalar un cuento que escribí para vos. Para vos y para todas las grettas que sufren por amor".

Gretta un día sufrió por amor

¿Acaso hay alguien en este mundo que no lo haya sufrido? Gretta construyó murallas que la protegían, y se transformó en un erizo porque había decidido no sufrir más, no por amor. Ya no. Una vez, sí; dos, no. Ella veía la realidad con anteojos especiales, anteojos para no sufrir. Cada vez que alguien nuevo entraba a su fortaleza (y entrar es solo una forma de decir), Gretta hacía foco con los anteojos que usaba mientras sufría. Ella entendía que la manera de cuidarse era desde la prudencia. Pero esos anteojos de su pasado le pesaban tanto, pero tanto...

En sus ojos, en su cuello, pero sobre todo en su corazón que está herido y todavía gime en un clamor de pena y silencio, se vislumbraba ese dolor. Sufría tratando de olvidar lo inolvidable, pero no se trata de eso; se trata de entender y de elaborar. Se trata de no perdernos la maravilla de la vida, pero la fortaleza es inexpugnable, infranqueable cuando se construye desde el temor. Sus anteojos eran un escudo protector como los de Marvel... "Espejito de goma, a mí me rebota y a vos te explota", decíamos cuando éramos chicos... Pero a Gretta le rebotaba y le explotaba porque el dolor seguía doliendo. Se escondía tras los anteojos como uno lo hace con los lentes de sol que nos protegen de los rayos ultravioleta peligrosos para la salud, y con estos se disimulan mejor nuestras emociones, lo que sentimos cuando tenemos ganas de llorar. Vivía protegida. No sufría, pero tampoco navegaba la intensidad que merecía y que deseaba tanto, pero tanto... solo que no lo sabía.

Un día soñó: su abuela la visitó en un sueño para decirle que ya basta de lentes oscuros, que ella también había estado ahí, pero que a su abuelo lo había conocido tiempo después de haber vivido la decepción más dolorosa de su vida y, entonces, fue feliz. Y Gretta recordó la mirada de amor de sus abuelos cuando estaban juntos. Ellos no usaban anteojos: simplemente, se miraban a los ojos. Y allí fue, y allí estaba, con miedo, pero desnuda. Sin fortalezas, sin espinas, sin murallas. Y se sintió desnuda de toda desnudez, con el alma a la intemperie y latiendo el corazón fuerte. Y, entonces, miró sin cristales en los ojos de quien la miraba con amor. Y, entonces, tuvo miedo, pero el abrazo que recibió era la mejor manera de animarse. Sus ojos brillaron, corazón a corazón, alma con alma, y los ladrillos de su fortaleza empezaron a derrumbarse tibiamente, tímidamente en un principio, enérgicos después. Las púas de los erizos que la habitaban iniciaron una metamorfosis hasta llegar a ser pétalos de rosa.

Gretta volvió a estar finalmente dispuesta a enamorarse porque no se trata de privarse del amor: se trata de decidir a quién le damos la llave de nuestra fortaleza, a quién elegimos, porque elegimos, somos quienes, desde los fracasos o desde nuestra sabiduría, jugamos las cartas y el tiempo de ser felices.

Después de haberlo leído, me dijo: "Andá, Gretta, salí por esa puerta y dale un abrazo a Joaquín, que vos te merecés que te quieran lindo. **Andá, volá, viví".**

Joaquín: empieza otra historia

Sabía que tenía sesión. En la esquina del consultorio de Ale, hay una plaza. Fue y se sentó allí, en un banco con un pote de helado de banana split y menta: mis gustos favoritos.

EN UN MUNDO DE AMORES GRISES, AMAR EN COLORES ES URGENTE.

Tuve ganas de darle un beso, y muchas ganas también de contarle el cuento que me había contado Ale. "A lo mejor es por acá", me dije. Lo sentí en el pecho. A lo mejor, empieza otra historia. Cuando tenía cuatro años y estaba en el jardín, tuve un novio, Ignacio. Él y yo estábamos mirando el cielo, en la fiesta de fin de año. No nos importaba nada. Frente a nosotros estaba su papá mirando con ternura la escena. A mi lado estaba mi papá, con la cara roja de furia. Creo que me acuerdo de esa imagen. O, de haberla oído tanto, la viví dos veces. Era feliz. Mi papá no, pero yo sí. Cuando este *hombre* me besó, sentí algo así. Como me pasa ahora. Empezamos a caminar de la mano, y le di un beso con gusto a menta. Le comí la boca, y él se puso colorado como un morrón. Lo abracé fuerte, muy fuerte... le di las gracias y sentí que estaba de vuelta en ese patio, mirando al cielo y que todo estaba bien.

Esta vez de la mano de Joaquín, volví a mirar el cielo despejado y hermoso. Me imaginé a mi abuelo mirándome desde algún lugar y levantando su pulgar diciéndome: "Chiquita, es por ahí". Por ahí es... ojalá sea así.

NO PIENSES...
SOLO SENTÍ...
¿QUÉ TE
DICE?

¡QUE ES
AQUÍ!

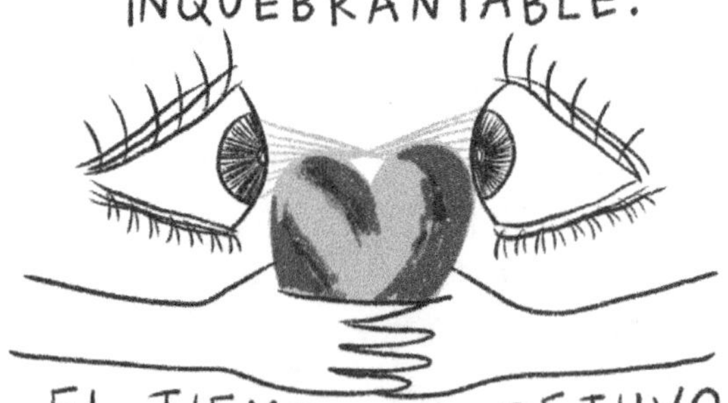

SUS MIRADAS SELLARON UN PACTO
INQUEBRANTABLE.
EL TIEMPO SE DETUVO.

Una noche de furia

Hace diez minutos que estoy esperando en una esquina a Joaquín. Cinco, quince, veinte minutos... No me gusta esperar, y lo sabe... veinticinco, treinta, treinta y cinco... Hasta me pongo colorada de la rabia que me da... cuarenta minutos...

Ya me lo banqué a Nico; vos también, Joaquín, no. No tengo plata para un taxi; no me hagas esto... Una hora parada en la esquina. Llueve, y lo estoy esperando debajo de un techito. Ahí viene, pero el muy idiota ni siquiera corre. Le grito bajo la lluvia, pero él como si nada. Y yo sigo soñando con mi abuelo. Le grito fuerte; él trata de explicarme, pero no lo escucho. Solo le pido que me lleve a mi casa; no quiero saber nada.

Me cuenta algo de la madre, pero yo le grito más fuerte, mucho más fuerte.

—Dame tu teléfono, porquería, basura.
—Estás loca, ¿qué te pasa?
Entonces, le arranco el teléfono.
Me agarra un ataque de celos...
—¿Con quién estabas? ¿Vos también te transás a tu profe de pilates?

Agarro el teléfono.

La madre... La madre estaba descompuesta: eso trataba de decirme. La acompañó a la clínica, la dejó y vino. Y no tenía batería para llamarme.

Hola, soy Gretta, **la que hace todo al revés...**

A trabajar...

(ODÍN)

Acá estoy, de vuelta. Mi mamá está tratando de hacer las cosas bien, pero muy bien no le salen. En la vida, a veces, uno propone, y el destino propone... Pero estoy seguro de que esta vez va a funcionar. Se lo merece. Es buena gente y la viene pasando mal... Pobre mi Gretta...

Gretta intenta hacer las cosas al derecho

Joaquín me espera en la esquina con un pote de helado, como todos los martes. Le cuento a Ale lo que pasó ayer: soy un desastre. Joaquín no se merece a alguien como yo: se merece una persona que lo quiera bien.

Entro al consultorio; Gala y Uma, como siempre, me llenan de besos y pelos perrunos. Me siento, y le cuento a Ale lo que pasó ayer. Ale comienza la sesión con un cuento.

Te voy a contar un cuento...

La tristeza y la furia caminaban un día por un descampado. Calor, mucho calor. Ven una laguna a lo lejos. La furia, impetuosa, corre y se saca la ropa, y se zambulle. La tristeza lentamente se mete al agua también.

Al minuto, la furia sale apurada; se pone la primera ropa que encuentra, y se va al trotecito.

La tristeza, que tiene tiempos más lentos, disfruta el baño y, cuando sale, se da cuenta de que la furia se llevó sus ropas. La tristeza de ninguna manera iba a estar desnuda; se pone las ropas de la furia y, desde ese día, tristeza y furia, furia y tristeza andan por la vida con las ropas cambiadas.

"Entendés, ¿no? Vamos a trabajar las emociones, Gretta, vamos a tratar de que no se mezclen... Te regalo un frasco —me dice Ale—. Este frasco lo descubrí en un libro que se llama *El monstruo de colores*". Me da un frasco hermoso y agrega: "Cada día vas a poner en el frasco las emociones que vayas teniendo y después escribí qué hiciste con esas emociones. Y algo más: a cada emoción ponele el color que más te guste... Tené cuidado de que las emociones no se te mezclen".

MIEDO
(NEGRO)
TRISTEZA
(CELESTE)
RABIA
(ROJO)
CALMA
(VERDE)

ALEGRÍA
(AMARILLO)

En la esquina, Joaquín seguía con el helado; fui y puse en el frasco un papelito amarillo, y le di un beso. Joaquín es todo lo que está bien, y yo soy Gretta, la que hace todo al revés, pero **estoy cambiando**: estoy poniendo lo mejor de mí.

Ale tiene cara seria, lo cual es raro. Me asusto con su cara; él se da cuenta y me dice: "Quedate tranquila, Gretta, tenemos que hacer las cosas bien, y preciso que vos, Joaquín, me ayudes a ayudarla. Te pido que seamos el esqueleto que sostiene a Gretta para que sea la mujer que quiera ser".

Ya está: lloro. Últimamente no me cuesta nada llorar. Joaquín me agarra fuerte la mano, me da calma. **Me siento orgullosa de mí, que por fin elijo y me enamoro** (¡¡¡lo dije!!!) de alguien que puede quererme y cuidarme.

–El problema, Gretta, es que vos te sentís muy chiquita y desvalida, y hacés lío, como los niños pequeños. Y necesitás comprender que no sos una niñita desamparada; tenés que enterarte de que tenés recursos para usar. Y muchossss. Y ahora, ¿adivinás lo que viene? –me pregunta Ale con una sonrisa en la cara.

–¿Un cuento?

–Por supuesto, pero no es cualquier cuento: es TU cuento...

Ella era una mujer diminuta, no porque realmente lo fuera, sino porque así se sentía. Le habían enseñado desde pequeña la cautela, la prudencia, pero sobre todo esta última: "Tenés que ser cuidadosa en la vida; no vayas ni más acá, ni más allá. Es peligroso, y cosas terribles te pueden suceder. Siempre pasos cortitos, la cabeza gacha, pasos cortitos; no levantes demasiado la frente. El pecho encogidito, siempre obediente a tus padres, tu marido, tus jefes... Y se acostumbró a vivir así, mirando la frente al suelo, sin ir ni más acá ni más allá Pero ese día, ese día fue distinto.

Se sintió diferente; un cosquilleo raro empezó a aparecer. No quería mirar para abajo. Quería levantar la cabeza. El pecho le dolía más que lo habitual; la garganta, anudada, más que de costumbre. Alguna lágrima también rodó por su mejilla.

Por un momento sintió y pensó que no quería seguir siendo una mujer diminuta, pero así eran las cosas. Y respiró hondo, todo lo hondo que se puede respirar con el pecho encogido y con la cabeza gacha, y se fue a dormir.

Y soñó; soñó que levantaba la cabeza y respiraba aire fresco, de a bocanadas, como nunca, como nunca antes lo había hecho.

Miraba profundo y lejos. Libertad, amor, felicidad... Sintió el sol y el viento. Los dos acariciaban su rostro, y el viento le hacía danzar los cabellos. Sintió que nada podía dañarla. Soñó que era invencible, sin monstruos ni espíritus que la acecharan; nada malo ni más acá ni más allá. Y entonces sucedió: no dormía. Estaba bien despierta. Y los miedos, los mandatos, la prudencia eran historia. Y, de repente, se vio reflejada en la laguna que nunca se había animado a atravesar porque quedaba más allá...

Y era enorme, una mujer enorme escondida en la mujer diminuta que le hicieron creer que era. Y cantó, cantó una canción que había oído y pensaba que no era de ella, pero sí era su canción. Cantó y descubrió que el mundo era todo suyo, que ya nadie podía hacerle daño, y fue feliz, y sonrió. Y lo hizo con la sonrisa más grande que podía existir.

Y le dijo adiós a la mujer diminuta...

Adiós, adiós...

A trabajar...

(ODÍN)

Acá me metí yo... Perdón, perdón, perdón... Gretta está muy emocionada. Lo abrazó a Ale, y llora.

Joaquín tiene un nudo en la garganta, y tampoco puede hablar.

Me parece que mi mamá está a punto de empezar a hacer las cosas bien.

PERDÓN, GRACIAS.
VOY A SEGUIR INTENTÁNDOLO.

HOY ME SIENTO

Voy a ayudarte a que puedas entender lo que sentís.

LO ENVOLVERÉ,
ASÍ ME QUEDA
PARA SIEMPRE...

¡MEJOR ME LO
LLEVO PUESTO!

Final feliz

Entendí todo, entendí que la gente basura no cambia, que los narcisistas solo se miran su ombligo. Que soy valiosa, que tengo que cuidarme y quererme.

Entendí que soy quien decide quién se queda o no en mi vida.

Nico me hizo el suficiente daño como para que no quiera saber nada más de él. Si realmente quiso cambiar, se acordó tarde; lo lamento por él. Pero con Nico no más.

Ya estoy estudiando en la universidad. Estoy muy bien con eso. Extraño mucho a mi abuelo; ya pasó más de un año, pero aún lloro casi todos los días. Sé que estuvo conmigo muchos años. ¿Qué más puedo pedir? Fue el mejor abuelo que pude haber tenido.

Con mi familia, las cosas están ahí: mis padres siguen juntos. Yo espero que se animen a ser felices. Fermín está complicado: le descubrieron marihuana en su mochila; él dice que es de un amigo, pero nadie le guarda la droga a nadie de onda nomás.

Pobre Fermín... él también la ha pasado bien feo. Lo mejor que hice por mí misma es decirle que NO a Nico y SÍ a Gretta.

Las cosas son más fáciles de lo que parecen, pero nosotros las hacemos difíciles.

Miro a la Gretta de hace un tiempo y me dan ganas de abrazarla fuerte. Sufría tanto, sin comprender que era mucho más fuerte de lo que pensaba...

Le agradezco por haberme enseñado lo que hoy sé porque, sin ella, no sería lo que hoy soy. A mi viejo yo también lo perdono... ¿de qué me serviría no hacerlo?

Hoy miro hacia adelante; el viento me acaricia la cara, y soy Gretta, la que hace las cosas al derecho. **Soy Gretta, la que se anima a ser feliz** o, al menos, a intentarlo.

Allá voy, que la vida es larga,

pero no tanto. Allá voy...

AGRADECIMIENTOS

A Angie, por el placer de trabajar con ella.

A Silvana y a Ezequiel por su dedicación y por su profesionalismo.

A Andrés Mego por confiar nuevamente.

A mis perras Gala y Uma por cederme los derechos para aparecer en este libro.

A Mariana Yornet por su aporte en este libro y por el cariño de siempre.

A todos mis afectos, porque no sería nada sin el amor que recibo.

Ale Schujman

A Ale, amigo y coequipero, por todas las veces que me has dado la mano a través de tus palabras.

A Silvana, a Ezequiel y a Andrés por creernos el cuento.

A cada situación de la vida, porque al futuro no se llega sin cicatrices.

A Joaquín, por bancarme los horarios de creatividad.

A Lela y a Kikín porque, sin su apoyo, no hubiese podido.

A Chepi, por hacerme levantar de la silla para pasear.

Gracias, gracias, gracias.

Angie

Esperamos que este libro
haya sido de su agrado.
Para información o comentarios,
contáctenos en la dirección
que aparece debajo.

Muchas gracias.

www.hojasdelsur.com